一本书读懂
企业财税合规与用工风险

赵华忠 —— 著

TAX

中华工商联合出版社

图书在版编目（CIP）数据

一本书读懂企业财税合规与用工风险 / 赵华忠著．
北京：中华工商联合出版社，2025. 2. -- ISBN 978-7
-5158-4191-5

Ⅰ．F279.23；F812.423；D922.5

中国国家版本馆 CIP 数据核字第 2025HC2249 号

一本书读懂企业财税合规与用工风险

作　　　者：	赵华忠
出　品　人：	刘　刚
图 书 策 划：	蓝色畅想
责 任 编 辑：	吴建新　关山美
装 帧 设 计：	胡椒书衣
责 任 审 读：	付德华
责 任 印 制：	陈德松
出 版 发 行：	中华工商联合出版社有限责任公司
印　　　刷：	三河市九洲财鑫印刷有限公司
版　　　次：	2025年3月第1版
印　　　次：	2025年3月第1次印刷
开　　　本：	710mm×1000mm　1/16
字　　　数：	190千字
印　　　张：	14
书　　　号：	ISBN 978-7-5158-4191-5
定　　　价：	56.00元

服务热线：010-58301130-0（前台）

销售热线：010-58302977（网店部）
　　　　　010-58302166（门店部）
　　　　　010-58302837（馆配部、新媒体部）
　　　　　010-58302813（团购部）

地址邮编：北京市西城区西环广场A座
　　　　　19-20层，100044

　　　　　http://www.chgscbs.cn

投稿热线：010-58302907（总编室）

投稿邮箱：1621239583@qq.com

工商联版图书

版权所有　盗版必究

凡本社图书出现印装质量问题，
请与印务部联系。

联系电话：010-58302915

前　言

　　新修正的《中华人民共和国会计法》自 2024 年 7 月 1 日起施行，旨在提高会计信息质量。新修订的《中华人民共和国公司法》自 2024 年 7 月 1 日起施行，旨在提高公司合规治理行为。两办（中共中央办公厅和国务院办公厅）2023 年 2 月联合下发的《关于进一步加强财会监督工作的意见》，明确了财会监督纳入党和国家监督体系，到 2025 年要构建起财政主责监督的财会监督体系。2024 年 7 月召开的中国共产党第二十届三中全会审议通过了《中共中央关于进一步全面深化改革、推进中国式现代化的决定》，其中涉及新一轮财税改革。金税四期全面上线以及各种法律法规日益完善，如何在遵守法律法规的前提下，实现企业的可持续发展，已成为企业管理者和财税专业人士必须面对的课题。

　　本书旨在为企业管理者、财税专业人士以及对企业合规管理感兴趣的读者提供全面、深入、实用的指导。在这本书中，我们将探讨企业财税合规的基本原则，分析用工风险管理的关键要素，并提供丰富的案例解析和实践策略，帮助企业在复杂多变的商业环境中稳健航行。

　　在首篇中，我们将深入探讨财税合规的核心概念和重要性，为企业构建坚实的财税合规基础。财税合规不仅是企业遵循法律法规的基本要求，更是企业稳健经营、提升市场竞争力的重要保障。

我们将从组织架构、政策与制度、流程与规范三个维度，深入理解财税合规的构建过程。组织架构是企业合规管理的骨架，政策与制度是企业合规管理的血脉，而流程与规范则是企业合规管理的神经网络。通过对这些要素的系统化分析，我们将帮助读者构建起财税合规的大厦。

税务合规是企业财税合规的重要组成部分。在第二篇中，我们将着重实战，引导读者如何在增值税、企业所得税和个人所得税等关键税种中实现合规，并应对可能的风险。我们将提供详细的政策解读、申报指导和风险防范策略，帮助企业在复杂的税法环境中稳健前行。

在第三篇中，我们将识别和导航用工风险，深入探讨劳动合同、社保与公积金等关键领域的风险管理。劳动合同是企业用工合规的基石，社保与公积金的合规缴纳是企业社会责任的体现。我们将提供守护企业免受用工风险影响的策略，帮助企业构建和谐的劳动关系，提升企业的人力资源管理水平。

第四篇将深入讨论内部控制、外部审计，并进行案例解析，可以为企业提供全面的财税合规与用工风险管理。内部控制是企业防范风险的第一道防线，外部审计则是企业合规管理的重要保障。我们将通过案例解析，展示企业如何通过内部控制和外部审计，实现财税合规与用工风险的综合管理。

在新法规不断涌现的背景下，第五篇将探讨新的相关法规和政策对企业财税合规与用工风险的影响。我们将分析这些新法规带来的挑战和机遇，以及企业如何适应这些变化，实现持续合规。通过深入解读新法规的具体内容和实施要求，我们将帮助企业把握政策动向，提前做好合规准备。

在本书的编写过程中，我们注重理论与实践相结合，力求为读者提供一本既具有理论深度又具备实践价值的参考书籍。我们希望读者能够通过本书，不仅理解财税合规与用工风险管理的重要性，而且能够掌握实施这些管理的具体方法和技巧。此外，本书也特别强调案例的引入和分析，我们精选了一系列真实的案例，这些案例既有成功的经验，也有失败的教训，它们将为读者提供宝贵的启示和警醒。

在企业经营的过程中，财税合规与用工风险管理是确保企业稳健发展的不可或缺的部分。我们相信，通过阅读本书，读者将能够获得必要的知识和工具，为企业的长远发展筑起坚实的基础。

目 录

第一篇　财税合规基石

第一章　财税合规之光：初识与重要性
第一节　财税合规：揭开神秘面纱　　4
第二节　财税法规：我们的航行指南　　10
第三节　合规之路：不要触碰红线　　16

第二章　财税合规之成：构建牢固大厦
第一节　组织架构：稳固的地基　　22
第二节　政策与制度：筑梦的砖石　　27
第三节　流程与规范：顺畅的脉络　　32

第二篇　税务合规实战指南

第三章　增值税之舞：合规与风险
- 第一节　政策解读：跳动的旋律　42
- 第二节　申报与缴纳：优美的步伐　47
- 第三节　发票管理：华丽的转身　52

第四章　企业所得税之歌：盈利与税收
- 第一节　政策解读：旋律的节奏　58
- 第二节　预缴与汇缴：和谐的共鸣　63
- 第三节　优惠政策：激昂的高潮　67

第五章　个人所得税之韵：薪酬与税务
- 第一节　税收结构：综合与分类相结合　76
- 第二节　税收优惠：起征点与专项附加扣除　77
- 第三节　税收清算：年度汇算清缴制度　79

第三篇　用工风险识别与守护

第六章　用工风险迷雾：识别与导航
- 第一节　风险种类：迷雾中的路标　84
- 第二节　识别方法：明亮的探照灯　95

第七章　劳动合同护航：风险与稳定
- 第一节　签订、变更与解除：波涛中的舵手　104
- 第二节　条款设计与审查：坚固的船体　110
- 第三节　档案管理与保密：安全的锚地　124

第四篇　财税合规与用工风险之综合护航

第八章　内部控制之塔：稳固与智慧

第一节　组织架构：坚实的塔基　　134

第二节　控制流程：灵活的塔身　　141

第三节　文化培育：闪耀的塔尖　　148

第九章　外部审计之光：透明与信任

第一节　审计流程：清晰的镜像　　156

第二节　应对策略：智慧的策略　　162

第三节　结果整改：提升的阶梯　　168

第五篇　新法规下的财税合规与用工风险

第十章　新《公司法》的航标：企业治理与合规

第一节　新《公司法》概览：航道的新灯塔　　178

第二节　企业治理结构：稳固的船体框架　　183

第三节　合规要点：航向的指南针　　188

第十一章　金税四期的风暴：税务科技与风险管理

第一节　金税四期概览：风暴中的新航标　　196

第二节　税务科技：驾驭风暴的智能舵轮　　202

第三节　风险管理策略：稳健的航行计划　　208

第一篇 财税合规基石

第一章

财税合规之光：初识与重要性

第一节　财税合规：揭开神秘面纱

> 2021年12月末，据国家企业信用信息公示系统的数据，某茶饮公司因税务违规问题遭到处罚。具体违规行为包括未进行纳税申报、逃避或少缴纳应纳税款，以及在账簿上隐瞒或少报收入。
>
> 天眼查App也披露了相关罚款细节。税务局对该茶饮公司开出了总额超过1161万余元的罚单。这一数额相当于该公司所欠缴的增值税、企业所得税、城市维护建设税总计2322万余元的50%。除此之外，对公司未缴的印花税6360.30元，局方也处以了相应的50%罚款，即3180.15元。

每天只要打开手机，就能看到大量的这种和财税相关的处罚新闻。"财税合规"这个词也在企业经营者的耳边出现了一次又一次，税务部门对这些企业或个人的处罚看得人心惊肉跳，几乎所有的企业经营者在看完这样的新闻后，都默默告诉自己：一定要做到财税合规呀。然而，这些经营者们在把"财税合规"当作不证自明的词使用的时候，有没有认真想过它的涵义究竟是什么？在和别人谈及"财税合规"一词的时候，双方是否指的是同一个意思？企业为什么要做好财税合规呢？如果做的话，可以从哪些方面入手呢？接下来，让我们一起来揭开财税合规的神秘面纱。

一、什么是财税合规

财税合规是一个企业经营活动中不可或缺的重要组成部分，它主要包含财务合规和税务合规两个层面（如图1-1所示）。

图1-1 财税合规的两个层面

财务合规指的是企业在进行财务报告编制、资金运作等财务管理活动时，必须严格遵守国家相关的会计准则、财务法规和标准。这包括但不限于资产负债表、利润表、现金流量表等关键报表的编制，以确保所提供的财务信息真实、准确、完整，能够全面反映企业的经营状况。同时，企业还需确保资金来源的合法性和资金使用的合规性，这不仅有助于保障企业资金的安全性和稳定性，还能有效避免违法违规行为带来的法律风险和声誉损失。

税务合规则涉及企业税务申报、税款缴纳以及税收优惠政策的合理利用等多个方面。鉴于税收法律法规和优惠政策的不断更新，企业应密切关注相关变化，及时了解并适应这些变化，以确保税务活动的合规性，并合理利用税收优惠政策降低税负。例如，资金分析系统能自动追踪资金流向，辅助人工分析，快速定位问题企业。同时，税务部门会与多部门合作，利用资金流穿透技术和数据交换平台，全面监控税收违法案件的资金往来。

二、企业为什么要做财税合规

那么，为什么企业要财税合规呢？很多人或许会有这样的疑问：身边很多不合规的企业也活得好好的，甚至还因为不合规而获取了更多的收益，我为什么要主动做企业的财税合规？

在当前的商业环境中，财税合规不仅是企业的法律义务，更是其社会责任和道德准则的体现。许多企业可能因为短期利益而忽视合规要求，但长期来看，这种短视行为会对企业造成严重的负面影响。

随着金税四期的推行，税务监管系统已经成为大数据监管的核心。国家不断加强税收信用体系的建设，提升了征管技术，完善了管理制度，并严厉打击了税收违法行为。税务监管正变得更加精准、高效、智能化和信息化。借助大数据和人工智能技术，税务系统能够深度分析数据，提升征税和风险管理的效率。

因此，企业应适应新形势，摒弃旧思维，积极拥抱财税合规理念，融入税收监管新环境，确保稳健发展。只有这样，企业才能在激烈的市场竞争中立于不败之地，实现长期稳定的经营。

财税合规的好处远不止于此。

第一，它能够提升企业的透明度和公信力。当企业遵守财务和税务法规时，它能够向投资者、合作伙伴和消费者展示自己的诚信和责任感。这有助于获得更多的投资和合作机会，提升企业的市场竞争力。

第二，财税合规能够降低企业的法律风险。不合规的行为可能导致罚款、诉讼等严重后果，甚至被吊销营业执照。通过遵守法规，企业可以避免这些风险，保护自己的声誉和经营状况。

第三，财税合规也是提升企业内部管理的有效途径。通过建立健全的财务管理制度和内部控制机制，企业能够更好地掌握自己的财务状况，优化资源配置，提高运营效率。

三、企业可以从那些方面入手

许多经营者或许对什么是财税合规有了基本的认知，对财税合规的重要性也有了足够的认识，但仍然不知道在自己的企业中应该如何落实，不知道该从那些方面入手。具体来说，企业的财税合规主要包括以下四个核心方面：会计合规、资金合规、税务合规和内控合规（如图1-2所示）。

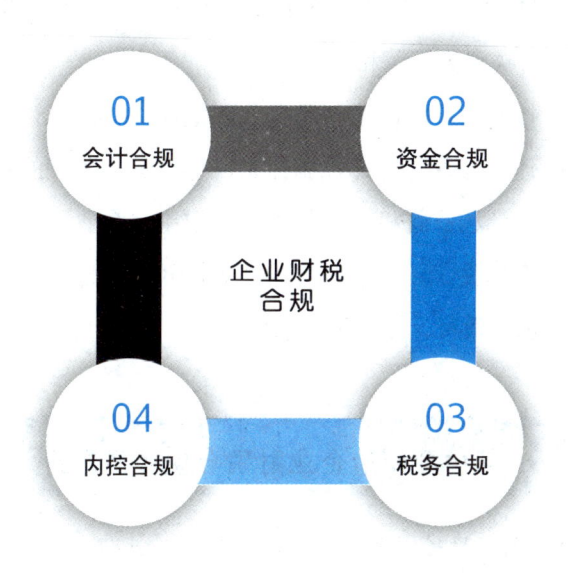

图1-2 企业财税合规的四个核心

第一，会计合规。企业需要确保财务报告的真实性、准确性和完整性。这包括遵循国家会计准则和财务报告标准，确保账务处理的透明性和一致性。企业应建立严格的财务报告流程，定期对财务数据进行审查和审计，以确保没有差错和舞弊行为。同时，企业还应保持所有财务活动的凭证和记录，以备随时查验。

第二，资金合规。在资金管理方面，企业必须遵守国家法律法规，确保所有资金来源合法，资金使用合规。这涉及对资金流动的严格监控，避免洗钱、挪用资金等违法行为。企业应建立健全的资金管理制度，设置资金使用和调配的权限和程序，确保每笔资金流动都有明确的用途和相应的审批流程。

第三，税务合规。税务合规要求企业遵守国家所有税收法律法规，合规申报和缴纳税款。企业应深入了解税法的变化，合理利用税收优惠政策，避免逃税、漏税和偷税等行为。企业应建立税务管理体系，及时申报，确保税务数据的准确性。同时，企业还可以与税务机关保持良好的沟通，及时解决税务问题和疑虑。

第四，内控合规。内部控制是企业防范风险、提升管理效率的重要手段。企业应建立完善的内部控制体系，包括建设明确的组织结构、管理流程、内部审计和监督机制。通过内部控制，企业可以有效管理财务风险，防止资产损失，并确保信息的准确性和及时性。此外，内控还包括对员工的培训和教育，提高员工的合规意识和能力。

某中型制造企业财税合规转型之路

金税四期的推行，对于许多企业来说，无疑是一场严峻的考验。对于小李所在的这家中型制造企业而言，更是如此。小李作为公司的财务总监，深知财税合规的重要性。金税四期的实施，意味着更高的税收征管标准和更严格的监管力度。然而，小李发现公司存在诸多不合规之处，如财务报告流程混乱、资金管理不透明、税务申报不规范等。这些问题不仅可能导致公司面临重罚，还可能影响公司的声誉和发展。

了解情况后，小李抓紧向张总经理汇报了这些问题，并提出进行财税合规改革的建议。然而，张总经理并没有意识到问题的严重性，反而认为这些不合规的做法并未给公司带来明显的损失，而且进行合规改革需要投入大量的人力和物力，可能会影响公司短期内的经济效益。因此，他拒绝了小李的建议。

小李见用这种方式行不通，他只能想别的方法说服领导，对公司一腔热血的他选择了最激进的方式——在一次公司会议上，小李拿出了一份详细的财税合规改革方案，包括会计合规、资金合规、税务合规和内控合规四个方面的具体措施。他激情洋溢地阐述了改革的必要性和紧迫性，指出如果不进行改革，公司将面临巨大的法律风险和经济风险。这个方案让张总经理下不了台，两人的矛盾一触即发。

此时，税务局工作人员的突然造访成了一个转折点。税务局工作人员提出了对公司税务申报的质疑，并指出了公司存在的一些问题。这让张总经理意识到了问题的严重性，他开始重新审视小李的改革方案。

经过深入的讨论和交流，张总经理最终被小李说服，决定支持财税合规改革。公司开始进行全面的合规改革，从会计合规到资金合规，再到税务合规和内控合规，每一个环节都进行了严格的审查和改进。

经过半年的努力，公司的财税合规状况得到了显著改善。税务局的检查也顺利通过，没有发现任何重大问题。公司的财务状况变得更加健康，业务发展也更加稳健。

小李和张总经理的矛盾得到了化解，他们共同为公司的发展努力着。而这一切都得益于金税四期的实施，它像一面镜子，映照出了公司存在的问题，也推动公司走向了更加合规、更加稳健的发展道路。

第二节 财税法规：我们的航行指南

> 2020年，中国知名在线教育公司"H公司"因涉嫌财务造假被推至风口浪尖。该公司在例行内部审计中发现员工不当行为，该员工伪造合同以夸大销售数据。此事件导致公司股价暴跌，并引发市场对在线教育行业财税合规性的广泛关注。
>
> H公司作为一家在纽交所上市的教育企业，一直被视为中国在线教育行业的领军者。然而，此次财务造假事件的曝光，不仅令其市值一夜之间蒸发近20亿美元，也严重打击了投资者和消费者的信心。据了解，涉事员工与外部供应商串通，通过伪造合同和其他文件的方式，虚增了"轻课"等项目的销售额，这种行为不仅违反了法律法规，也背离了企业诚信经营的原则。
>
> 事件发生后，H公司立即向警方报案，并表示将全力配合调查，坚决查处任何违法违规行为。同时，该公司也强调，将持续加强内部管理，确保所有业务活动合法合规，并承诺将增加透明度，及时向公众披露相关信息。
>
> 然而，这一事件仍然激起了市场对整个在线教育行业财税合规性的担忧。在之前A咖啡等中概股爆出财务丑闻后，监管机构对中概股的审计和监管力度明显加强。H公司此次事件可能会引发更严格的行业监管政策，对在线教育企业的财务状况进行更为细致的审查。

有分析人士指出，虽然 H 公司表示此次财务造假为个别员工行为，但作为一家上市公司，其内部控制的缺失和监督不力也是导致此类事件发生的重要因素。因此，对于在线教育企业而言，除了追求快速增长和市场份额外，如何建立健全的内部控制体系，确保财税合规，将成为未来发展的关键。

此事件凸显了财税合规作为企业经营的根基，不仅是遵循国家法律法规的基本要求，更是企业社会责任和商业道德的体现。它要求企业在追求发展的同时，必须确保每一步操作都在法律框架内，保护投资者利益，维护市场秩序。

在复杂的商业世界中航行，如何找到正确的方向常令人困惑。然而，答案可能就在我们眼前——财税法规，一个常被忽视却至关重要的指南。想象一下，没有交通规则的道路将会变成什么样？混乱而危险。同样地，财税法规为商业航道设定了规则，确保每一位经济航行者都能安全地抵达目的地。让我们一起探索这个常被忽略的领域，看看它是如何引导我们远离风险，驶向成功的吧（如图 1-3 所示）。

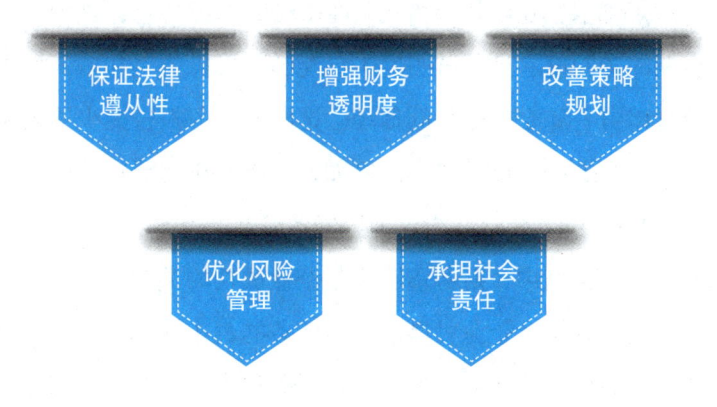

图 1-3　财税法规对企业的五个规范作用

一、保证法律遵从性

财税法规为企业和个人在经济活动中设定了明确的法律框架，这些法规涵盖了从税务登记、适当缴税到财务报告等各个方面。遵守这些法规是维护企业合法运营的基础，有助于防止逃税、误报或其他财务不端行为，避免因此受到法律制裁。例如，根据税法规定准确申报所得税，不仅避免了滞纳金和罚款，也保护了企业的声誉和市场地位。

遵守财税法规对企业至关重要。法规为所有财务活动提供了明确的指导和规范，确保企业在税务登记、记录保持等方面的合规性。企业遵守财税法规，不仅能有效地管理税务负担，还能避免因违规而带来的经济损失和声誉风险。例如，规范的税务文件和及时的税务申报可以帮助企业避免审计风险和潜在的罚款。

此外，财税法规还要求企业做好财务报告，这对于公众公司尤为重要。透明的财务报告不仅能满足法律要求，还能增强投资者和合作伙伴的信任。公开和透明的财务信息可以吸引投资，降低融资成本，同时提升企业的市场竞争力。例如，遵守国际财务报告准则（IFRS）的企业能够在全球范围内获得更广泛的投资者基础和更有利的融资条件。

二、增强财务透明度

财税法规要求企业以特定格式和时限公开财务信息，这种做法显著增强了企业的透明度。这种透明度不仅能够吸引投资者和信贷机构，还有助于建立消费者和合作伙伴的信任。透明的财务报告减少了企业潜在的财务风险，并提高了市场效率。例如，上市公司需要定期提交包含详细财务数据的年度报告，这些报告为投资者提供了决策所需的关键信息。

在现代商业环境中，财务透明度是企业成功的关键因素之一。通过公开详细的财务数据，企业可以展示其业务的真实性和可靠性，从而吸引更多的资本和资源。例如，通过公开财务报表，企业不仅可以向股东和潜在投资者展示其盈利能力和财务稳定性，还可以向消费者和合作伙伴证明其财务健康和业务持续性。

此外，财务透明度还可以帮助企业建立良好的公司管理结构。通过定期发布财务报告，企业可以展现其对法规遵从的承诺，以及对内部控制和财务管理的重视。这种做法不仅有助于提高企业在公众眼中的形象，还能够激励管理层持续改进和优化运营策略。

三、改善策略规划

在企业的长远发展中，财税法规扮演着不可或缺的角色。企业通过深入了解和研究相关税法，能够发现并运用各种合法途径进行税务筹划。这其中，选择最佳的投资地点是关键一步，因为不同地区可能有不同的税收政策和优惠条件。此外，充分利用税收优惠政策也是降低税负的有效手段。

例如，新能源公司在进行策略规划时，可以重点关注国家对于新能源产业的税收减免政策。这些政策通常旨在鼓励新能源产业的发展，为其提供税收上的优惠，从而降低企业的运营成本和资金负担。公司通过对这些政策的深入研究，不仅可以合法地减少税负，还能在此基础上进一步优化资本结构。

优化资本结构意味着企业可以更有效地利用资金，降低融资成本。这不仅有助于企业在现有市场中稳固和扩大市场份额，还能增强其整体的市场竞争力。在面对市场竞争时，这种通过财税策略规划带来的成本优势，可以使企业在价格、产品质量、服务等方面拥有更多的操作空间。

四、优化风险管理

遵守财税法规，不仅能够为企业树立良好的市场形象，更重要的是能有效降低企业运营时的财务风险。财税法规为企业的财务管理提供了一套标准化、系统化的操作框架，帮助企业在复杂的市场环境中规避潜在的财务陷阱。

企业通过持续的合规检查和内部审计，可以及时发现并解决可能的财务不规范问题。这种自我监督和自我修正的能力，是企业内部控制机制的重要组成部分。通过对账目、报表和交易流程的细致审查，企业能够确保每一笔财务记录的真实性和合法性，从而减少因财务问题导致的信誉损失和法律风险。

此外，财税法规的变动往往对企业的财务健康产生重大影响。税法的更新、税率的调整、优惠政策的出台或取消，都可能直接影响到企业的税负和利润。因此，企业必须建立敏感的法规变动监测机制，及时调整财务策略，以应对新法规带来的挑战。这不仅需要企业财务团队具备高度的专业性和敏锐的市场洞察力，也需要企业决策层对财税法规变动给予足够的重视。

例如，跨国企业在开展跨国交易时，需密切关注各国税法的变化。不同国家和地区的税收政策差异巨大，加之国际贸易环境的复杂性，使得跨国企业的税务风险管理尤为关键。企业需要评估不同国家的税收环境，合理规划跨国交易的税务安排，以避免因税务问题导致的额外成本和法律纠纷。

在数字化时代，企业还可以利用先进的信息技术手段，如大数据分析、人工智能等，来加强风险管理。通过对大量财务数据的分析和挖掘，企业可以更准确地识别风险点，预测风险趋势，从而采取更有效的风险防控措施。

五、承担社会责任

财税法规不仅为企业经营提供了规范，更是推动企业履行社会责任的重要力量。作为社会的基本单元之一，企业通过遵守财税法规，可以展现出对社会的贡献和对公共利益的尊重。

依法纳税是企业对国家和社会最基本的贡献。税收是国家财政收入的重要来源，它直接关系到公共服务的提供、基础设施的建设和社会福利的改善。企业通过按时足额纳税，为国家的发展提供了物质基础，帮助政府更好地服务于民，推动社会的和谐与进步。

透明的财务报告和公正的税务行为，是企业社会责任的另一重要体现。在信息披露方面，企业应遵守相关法规，确保财务报告的真实性、准确性和完整性，让投资者、消费者和公众能够全面了解企业的经营状况和财务健康程度。这种透明度有助于增强企业的信誉，赢得市场的信任。

同时，公正的税务行为体现了企业对法律的尊重和对社会正义的维护。企业在税务筹划和申报过程中，应避免逃税、漏税等不法行为，确保税收的公平性。这不仅有助于维护税收制度的公正性，也是对企业道德和社会责任的坚守。

例如，许多大型企业通过公开其税收贡献和参与的社会责任活动，如环保项目、教育支持、社区发展等，来展示其对社会的积极贡献。这种做法不仅提升了企业的品牌价值和社会形象，还能够激励更多的企业参与到社会责任实践中来，共同推动社会的可持续发展。

此外，企业在履行财税责任的过程中，还应关注税收政策对弱势群体和小微企业的影响，通过合法合规的税收优惠，帮助这些群体减轻税负，促进社会公平和经济的均衡发展。

第三节 合规之路：不要触碰红线

> 2019年，中国证监会对M药业进行了调查，发现该公司通过虚假交易和不实财务报表累计虚增利润近300亿元。这种严重的财务造假行为不仅违反了财税法规，也极大地损害了投资者的利益和市场的公平性。M药业因此受到了重大处罚，包括罚款和市场禁入等。
>
> 2016年，欧盟委员会指控苹果公司在爱尔兰的税务安排构成非法国家援助，使其实际支付的税率远低于应有水平。经过一番调查与法律争斗，苹果公司被要求补缴高达130亿欧元的税款。

这些案例表明，无论是财务造假还是税务规避，触碰合规红线的后果都是极其严重的。它们不仅会导致重罚，还可能长期影响企业的声誉和市场地位。每一个企业都需要以这些案例为鉴，严格遵守财税法规，确保其商业行为的合法性和透明度。只有这样，企业才能在激烈的市场竞争中稳健前行，赢得投资者和社会的信任与支持（如图1-4所示）。

一、遵守税法规定

企业必须严格按照国家税法的规定进行税务申报和缴纳税款。任何逃税、漏税或偷税行为都是违法的，将面临严厉的法律惩罚和声誉损失。企业应确保税务筹划和操作在法律允许的范围内进行。

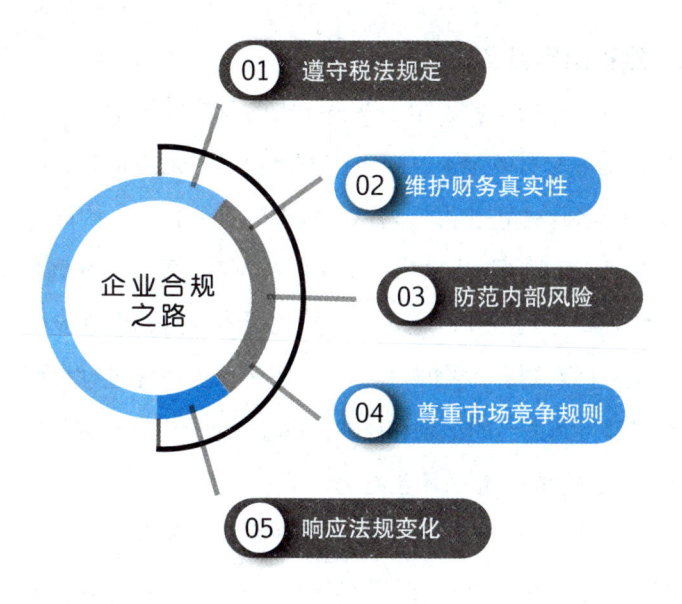

第一章 财税合规之光：初识与重要性　17

图 1-4　企业合规之路的五个重点

遵守税法规定是企业运营中的核心原则。税法不仅规定了企业应如何申报和缴纳税款，还涉及如何合理地进行税务筹划以优化税负。企业通过合法途径减轻税负，不仅可以提高自身的财务健康，还能避免因违反税法而带来的严重后果。

例如，合法的税务筹划可能包括利用税收优惠政策、选择适合的业务结构和交易方式等。这些策略必须在了解相关税法的基础上实施，以确保其合法性。此外，透明的税务报告也是遵守税法的重要组成部分。公开透明的财务报告不仅符合法律要求，还能增强消费者、投资者和合作伙伴的信任。

遵守税法还能帮助企业建立良好的公众形象和市场信誉。在全球化日益加深的今天，企业的税务行为受到公众和媒体的高度关注。遵守税法规定，可以保证企业不会因违规操作而出现负面报道，保护企业品牌不受损害。

二、维护财务真实性

在企业运营的众多要素中，财务报告的真实性是确保企业合规性的核心。企业发布的财务记录、报表和披露信息，是投资者、监管机构和市场其他参与者评估企业价值和运营状况的重要依据。因此，企业必须坚守这一原则，确保所提供的每一项财务数据都是真实、准确和完整的。

为了维护财务真实性，企业需要建立严格的内部审计流程和质量控制机制。这包括对财务数据的收集、处理和报告过程进行持续监控，确保所有交易都得到适当的记录和反映。同时，企业应定期进行内部审计，以识别和纠正可能的差错或不当行为。

此外，企业还应培养一种诚信的企业文化，鼓励员工遵守职业道德和行为准则。这包括对财务报告的透明度和公正性进行教育和培训，确保员工了解其在维护财务真实性方面的责任。

三、防范内部风险

企业在追求效益最大化的同时，必须警惕内部风险的侵蚀。建立健全的内部控制体系，是企业防范内部风险的第一道防线（如图1-5所示）。这要求企业不仅要在制度上进行规范，更要在执行上落实到位。

财务监控　风险评估　审计机制　员工教育　技术手段　外部合作

图1-5　建立内部控制体系的六个重点

内部控制体系的核心在于财务监控，企业应利用先进的财务软件和监控工具，对资金流动进行实时跟踪和分析。通过设置合理的权限和流程，确保每一笔交易都经过必要的审批，避免资金挪用和滥用现象的发生。

风险评估是内部控制体系的重要组成部分。企业应定期进行全面的风险评估，识别潜在的市场风险、信用风险、操作风险等，并制订相应的风险管理策略。这包括对外部环境变化的敏感性分析，以及对内部流程和制度的适应性评估。

审计机制是内部控制体系的监督保障。企业应建立独立的内部审计部门，对企业的财务活动和业务流程进行定期或不定期的审计。内部审计不仅能够发现问题，更能够促进企业不断优化管理，提高运营效率。

此外，企业还应加强员工的职业道德教育和法制教育，提高员工对内部风险的认识和防范能力。企业可以通过建立举报机制和奖励制度，鼓励员工积极举报违规行为，形成全员参与的风险防范文化。

在数字化时代，企业还应利用大数据、人工智能等技术手段，加强对内部风险的识别和预警。通过数据分析，企业可以更早地发现异常情况和潜在风险，及时采取措施进行干预。

最后，企业应与外部审计机构、监管机构保持密切合作，及时了解行业最佳实践案例和监管要求，不断完善内部控制体系。这样可以通过内外结合的方式，形成全方位的风险防控网络，确保企业的稳健发展。

四、尊重市场竞争规则

在市场经济的大潮中，企业之间相互竞争，犹如航船竞渡，各显其能。然而，这场竞赛必须建立在公平的基础之上，各方遵循市场竞争的规则，方能确保整个市场的健康发展。企业应当秉持诚信经营的原则，坚决抵制任何形式的不正当竞争行为。

不正当竞争行为，诸如商业贿赂、价格操纵等，它们如同暗流涌动，不仅扭曲了市场的真实供需关系，还可能导致资源配置的效率降低，消费者权益受损。更为严重的是，这些行为往往伴随着财务造假、税务逃避等问题，严重时会触犯财税合规的红线，给企业带来不可估量的风险与损失。

举个例子，某企业在一次公开招标中，为了中标不惜采取商业贿赂的手段，虽然短期内看似获得了利益，但最终因违反了公平竞争的市场规则，被监管机构处以重罚，声誉扫地，得不偿失。

每个企业都应自觉维护市场的公平竞争环境，拒绝一切不正当竞争行为，同时加强内部管理，确保财税合规，以诚信和实力赢得市场。只有这样，企业才能在市场经济的大潮中立于不败之地，赢得长远的发展。

五、响应法规变化

财税法规是市场经济的风向标，它随着经济形势的变化而不断调整。企业作为市场的主体，必须时刻保持敏锐的洞察力，密切关注法规的每一次变动，以便及时调整自身的财税策略和操作流程，确保与法规的同步。

响应法规变化，意味着企业需要建立起一套灵活的机制，能够快速接收、分析并应对法规的更新。这不仅涉及财务部门的工作，更是整个企业运营的重要环节。例如，当税率发生变化时，企业应及时调整申报和缴纳税款的策略，避免因滞后信息而遭受损失。

同时，企业还应该加强内部培训，确保每一位员工都能理解并执行新的法规要求。以一家跨国公司为例，当面临各国税法不一致的情况时，公司通过建立全球化的税务合规框架，及时向各国分公司传达最新的税法变动，确保了全球业务的顺畅运行和合规性。

第二章

财税合规之成：构建牢固大厦

第一节 组织架构：稳固的地基

> 2020年4月，A咖啡爆出财务造假丑闻，震惊了全球资本市场。这家快速崛起的咖啡连锁品牌被揭露在2019年第二季度至第四季度期间，虚构了22亿余元的交易额，这一金额占据了同期收入的大部分。消息一出，A咖啡的股价暴跌，市值蒸发了数十亿美元，投资者信心受到严重打击。
>
> 面对财务造假的指控，A咖啡迅速采取了一系列整改措施。首先，公司成立了一个由独立董事组成的特别委员会，对财务造假事件进行了全面调查。调查结果显示，一些员工与部分高管合谋，通过虚假交易和夸大销售数据的方式进行了财务造假。
>
> 在调查结果公布后，A咖啡进行了管理层的重大调整，解雇了涉及财务造假的高管和员工，并任命了新的首席执行官和首席财务官。公司还重建了组织架构，明确了各部门的职责和权限，以加强内部控制和监督……经过一系列的努力，A咖啡总算赢回了一些投资者和市场观察人士的认可。通过这些措施，A咖啡逐渐恢复了业务，并在未来实现可持续的合规发展。

A咖啡的案例为其他企业提供了重要的教训，强调了财税合规的重要性和内部控制的必要性。它提醒所有企业，无论规模大小，都必须严格遵守财税法规，建立健全的内部控制体系，以防范财务风险，保护投资者利益。只有在组织架构的稳固地基上，企业才能够抵御外部的风波和内部的危机，确保长期的健康发展（如图2-1所示）。

图 2-1　稳固组织架构的四项措施

一、明确职责分工

在财税合规的领域内，确立清晰的组织架构和职责分工显得尤为重要。想象一下，如果每个部门都像精心编排的乐章中的乐器，各司其职，和谐地奏响企业的财税合规之歌，那会是多么美妙的景象！但如何实现这一目标呢？首先，企业需要对内部职能进行细致的划分，确保每个部门和员工都能像熟悉自己手掌一样熟悉自己的工作职责和目标。当每个人都清楚自己的位置和任务时，工作效率自然会提高，同时还能巧妙地避开那些因职责不清而产生的风险暗礁。

一家成功的企业中，财务部门与税务部门应该紧密合作，但又各自专注于不同的领域，就像一对默契的舞伴，共同在财税合规的舞台上翩翩起舞。这种明确的职责分工不仅让两个部门在工作中游刃有余，还能为企业赢得宝贵的声誉和信任。

二、强化内部控制

内部控制可以看作企业这座大厦的坚固钢筋,它默默支撑着整个结构的稳定与安全。在财税合规的背景下,内部控制机制的重要性不言而喻,它如同给企业穿上了一套量身定制的盔甲,既保护了企业免受外部风险的侵袭,又确保了内部运作的顺畅与透明。

以一位经验丰富的财税专家的话来说:"一个好的内部控制系统,就像是你的第三只眼睛,时刻帮你盯着那些可能忽视的风险。"确实,通过建立严格的财务审计流程、全面的风险评估体系和有效的合规监督措施,企业能够在风雨飘摇的市场中稳如泰山。这些措施如同企业的免疫系统,不仅能够防止财务错误和舞弊行为的发生,还能在第一时间发现并纠正运营中的问题,确保企业的财税活动始终在合规的轨道上运行。

三、优化决策流程

在应对市场变化和内部需求时,高效的决策流程是企业灵活机动的保障。想象一下,每个决策都像一次精心策划的战术行动一样,需要得到快速、准确且有力的执行。为此,组织架构中必须融入这样的决策流程,以确保企业能在竞争激烈的市场中脱颖而出。

一位管理大师曾比喻说:"优化决策流程,就如同给企业装上了高性能的引擎,让它能以更少的油耗跑出更快的速度。"确实,简化不必要的层级,提高决策透明度,不仅能够加速决策的实施,还能确保这些决策建立在合理和及时的基础条件之上。这样的流程优化,就像是为企业的决策系统升级了更智能的软件,使得每一次决策都能精准打击问题的核心,提升企业的整体竞争力。

四、建立监督与反馈机制

在企业这座精密的大钟里,监督与反馈机制就像那不可或缺的齿轮,默默地确保着每一个部件的精准运转。设想一下,有一个专门的监督部门,它就像一座灯塔,时刻为企业照亮前进的道路,监控着财税合规性、内部控制的执行情况等重要环节。这样的独立监督，不仅能够及时发现问题，还能够像一面镜子，映照出企业管理中需要改进的地方。

同时，建立一个开放的反馈渠道，鼓励员工大胆提出建议和问题，就如同为企业打开了一扇窗，让新鲜的想法和空气进来。这种双向的沟通模式，不仅是对员工声音的重视，更是企业不断进步的动力源泉。正如一位管理学家所说："反馈是企业进步的阶梯，每一次的攀登都让企业更接近卓越。"通过这些反馈，企业可以持续优化管理流程，提升财税合规水平。

架构革新引领财税合规——C科技的实践之路

C科技成立于2010年，是一家全球知名的智能硬件和电子产品制造商。以其创新的产品和互联网思维，C科技在全球市场迅速崛起，成为科技行业的佼佼者。然而，随着公司业务的不断扩展和深化，传统的财税组织架构逐渐暴露出不足，特别是在财税合规方面。

问题首次被《财经》杂志在一次深度报道中详细揭示。报道指出，2023年，C科技在一次内部审计中发现存在税务申报延误、财务数据不一致等多个财税问题。这些问题的存在，不仅影响了公司的财税合规性，也对公司的声誉和运营带来了不小的风险。

经过深入分析，C科技认识到，这些问题的产生并非偶然，而是由于组织架构上的不足导致的。具体来说，这些不足包括职责不明确、流程不清晰，以及缺乏有效的内部控制和风险管理机制等。在快速扩张的过程中，公司未能及时调整和优化财税管理架构，导致内部管理与公司的发展需求脱节。

面对这些挑战，C科技迅速采取了一系列有力的措施。

一方面，公司对财税部门的职责和权限进行了全面梳理和明确，确保每个岗位的职责明晰，每项工作都有人负责。同时，C科技建立了一套标准化的财务和税务流程，从源头上规范了财税活动，减少了人为的错误和延误。

另一方面，C科技加强了内部控制，引入了先进的信息技术系统。这些系统不仅提高了财税数据的处理效率，还通过自动化的方式大大提高了数据的准确性。此外，公司还加强了对财税人员的培训，提升了团队的专业能力和风险意识，确保每位员工都能适应新的工作要求。

根据C科技在2023年度报告中提到的数据，通过这些改进措施，公司成功解决了财税合规方面的问题，提高了财务管理的效率和准确性。更重要的是，这些措施帮助C科技在市场上保持了良好的声誉，为公司的持续健康发展奠定了坚实的基础。

C科技的案例为所有企业提供了重要的启示：在快速变化的市场环境中，企业必须重视财税组织架构的构建和优化，确保财税活动的合规性和效率。通过不断革新和优化财税管理体系，企业能够更好地应对市场挑战，实现可持续发展。

第二节　政策与制度：筑梦的砖石

2020年底，相关监管机构对A集团控股有限公司（简称"A集团"）发起了反垄断调查，这一事件迅速成为国内外媒体的焦点。调查的核心是A集团涉嫌实施"二选一"等排他性行为，即强迫商家在A集团平台和竞争对手平台之间做出选择，从而限制市场竞争。

随着调查的深入，A集团面临了前所未有的监管压力。2021年4月，中国市场监管总局对A集团作出了182.28亿元的罚款，相当于其2019年中国境内销售额的4%，这是《中华人民共和国反垄断法》实施以来金额最大的一笔罚款。

面对这一重大处罚，A集团迅速采取了一系列整改措施。公司高层公开表示接受监管机构的处罚决定，并承诺进行深刻反思和全面整改。A集团调整了平台规则，取消了对商家的排他性要求，允许商家自由选择多个平台经营。此外，公司还加强了内部合规培训，提高了员工对反垄断法规的认识和理解。

然而，这一事件对A集团的影响是深远的。除了巨额罚款给公司带来的直接经济损失外，A集团的股价在消息公布后出现了大幅波动，市值一度蒸发了数百亿美元。更重要的是，这一事件对A集团的品牌形象和市场信任度造成了负面影响。消费者和投资者开始重新评估A集团的市场地位和商业道德。

> 同时，这一事件也引发了中国互联网行业的广泛反思。其他互联网企业也开始审视自身的经营行为，加强合规管理，以避免类似的监管风险。政府也加大了对整个互联网行业的监管力度，推动行业向更加公平、有序的方向发展。

在 A 集团的案例中，我们见证了政策与制度作为维护企业财税合规的核心支柱。这一事例生动地展示了，只有当企业内部制度与法律法规紧密结合，并且能够灵活适应外部环境的变化时，企业才能有效管理和控制合规风险，从而避免可能发生的财务损失和声誉损害。

政策与制度不仅是企业合规的坚实基础，更是推动企业实现可持续发展的关键因素。正如筑梦需要坚固的砖石，企业财税合规同样需要坚实的政策与制度作为支撑。接下来，我们将深入探讨如何应对这些政策与制度，为企业的稳健发展打下坚实基础（如图 2-2 所示）。

01 遵守国家财税法规
02 响应国家政策调整
03 利用国家税收优惠
04 建立内部制度进行对接

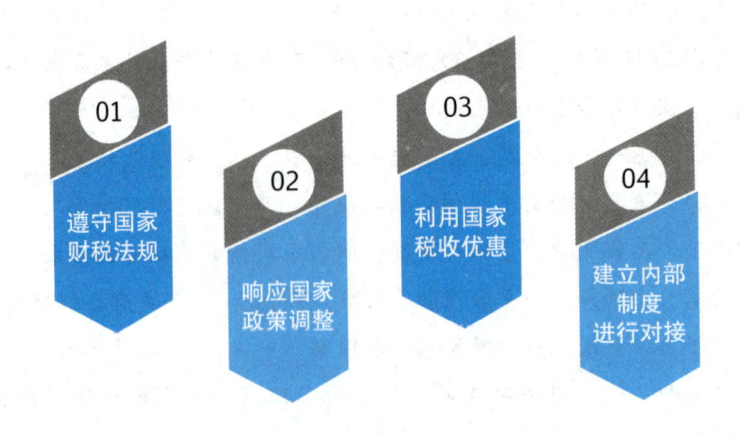

图 2-2　应对国家政策制度的四个方法

一、遵守国家财税法规

企业必须严格遵守国家制定的财税法规，这是确保财税合规的基础。

国家财税法规体系庞大而复杂，涵盖了从税收征收管理法、企业所得税法、个人所得税法，到各种流转税和特定行业税务规定等多个方面。例如，在增值税方面，企业需依照《中华人民共和国增值税暂行条例》准确计算税额，正确申报抵扣；在财务报告方面，则需遵循《企业会计准则》和《企业会计制度》，保证财务报表的真实、准确、完整。

为了确保合规，企业应建立一套内部培训系统，定期对财务和税务人员进行法规培训，更新他们的知识库。同时，利用先进的财务软件和管理系统来辅助遵循财税法规，减少人为操作的错误。此外，与税务机关保持良好的沟通，及时响应政策变动，也是保证财税合规的重要措施。

二、响应国家政策调整

国家财税政策的动态调整是经济环境变化的一种反映，它要求企业必须保持高度的敏感性和适应性。例如，国家税务总局可能会根据国内外经济形势的变化，对税率进行调整，或出台新的税收优惠政策，以鼓励特定行业的发展。这些调整可能涉及增值税、企业所得税、个人所得税等多个方面，对企业的运营成本和税务策略产生重大影响。

为了及时响应这些政策调整，企业应建立一套有效的政策监测和分析机制。这包括定期关注国家税务总局、财政部等官方网站发布的公告，参加行业研讨会，以及利用专业财税顾问的洞见来解读政策变动。此外，企业内部应设立专门的团队，负责评估新政策对企业的具体影响，并据此调整财税策略。

例如，如果国家为了促进高新技术产业的发展，给予了相关企业税收减免的优惠政策，那么从事该领域的企业就应及时调整自己的税务计划，充分利用这些优惠政策来降低税负，提高竞争力。同时，对于跨国企业而言，还需关注国际税收政策的变化，比如BEPS（税基侵蚀和利润转移）行动计划的实施情况，确保全球业务的财税合规。

三、利用国家税收优惠

国家为了促进特定行业或区域经济的发展，常常会出台一系列税收优惠政策。这些政策可能包括减免税款、税率优惠、税前扣除、延期纳税等多种措施，旨在减轻企业税负，激励投资创新，推动产业升级。例如，针对小微企业、高新技术企业和研发型企业，国家往往提供更为优厚的税收优惠条件，以支持这些企业的成长和发展。

企业要想合理利用这些税收优惠政策，首先需要对这些政策有深入的了解和研究。这包括了解优惠政策的具体内容、适用范围、申请条件和操作流程。企业可以通过定期参加税务政策培训、订阅专业税务资讯、咨询税务专家等方式，来保持对税收优惠政策的持续关注和理解。

在确认企业符合某项税收优惠政策的条件后，企业应制订详细的申请计划，准备所需的各类资料，并按照税务机关的要求提交申请。同时，企业还需确保在享受税收优惠的同时，继续遵守其他的财税法规，确保整个申请过程的合规性。

例如，如果国家为了支持绿色环保产业的发展，为符合条件的环保型企业提供了增值税即征即退的优惠政策，那么从事该领域的企业就应积极与税务部门沟通，了解具体的操作流程和所需材料，确保能够顺利享受到这一政策带来的实惠。

四、建立内部制度进行对接

为了确保财税活动与国家政策和制度的一致性，企业必须建立起一套完善的内部制度。这些制度不仅应涵盖财务报告、内部审计、风险管理等关键领域，还应与国家的最新政策和法规紧密对接。这样做的目的在于，将国家的政策要求转化为企业的日常操作流程和内部控制机制，从而实现自然而然的合规性。

例如，当国家出台新的增值税申报规定时，企业应及时更新自己的财务报告制度，确保税务申报流程符合新的规定。同时，内部审计制度也应相应调整，加入对新规定执行情况的审核要点，以保障新政策的落实。在风险管理方面，企业需要识别新政策可能带来的变化和挑战，及时调整风险评估模型和应对策略。

通过这样的内部制度与国家政策的无缝对接，企业不仅能提升自身的财税合规水平，还能在市场竞争中保持灵活性和竞争力。正如一位资深的财务专家所言："一个能够迅速响应政策变化并内化为自身制度优势的企业，无疑是未来市场的主导者。"因此，企业应不断强化内部制度建设，将其作为实现财税合规和可持续发展的关键支撑。

第三节　流程与规范：顺畅的脉络

> 随着数字技术的快速发展，税务管理也逐渐转向电子化、自动化。2018年起，中国税务部门开始大力推广电子发票系统，旨在通过这一系统提高税务管理的透明度和效率，同时减少企业和个人在税务申报过程中的负担。电子发票系统的实施，不仅简化了传统的开票和报税流程，还有效减少了税务欺诈和逃税行为。
>
> 这一政策的推出，对企业的财税合规流程提出了新的要求，促使众多企业更新其内部财务管理制度，以适应数字化税务监管的新趋势。电子发票系统的推广也帮助税务机关更好地监控和管理企业的税务情况，实现了税务信息的实时采集和分析，提高了税收合规的检查效率。

通过中国税务部门推广电子发票系统的案例，我们可以看到规范的力量如何塑造企业财税合规的顺畅脉络。这一创新举措不仅简化了税务流程，还提升了税务管理的整体透明度和效率。

现在，让我们从这个案例过渡到更深入的讨论——如何将规范融入企业的日常运营之中。正如电子发票系统所展示的那样，规范不仅是企业财税合规的基础，更是确保企业在数字化浪潮中稳健前行的关键（如图 2-3 所示）。

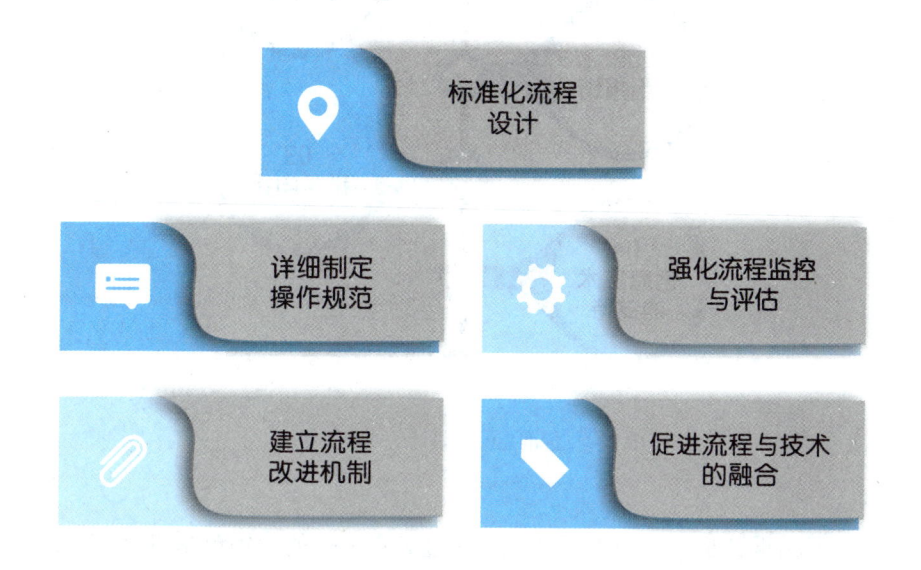

图 2-3 规范融入日常运营的五项措施

（标准化流程设计／详细制定操作规范／强化流程监控与评估／建立流程改进机制／促进流程与技术的融合）

一、标准化流程设计

想象一下，企业里的财税活动就像一条条生产线，需要有条不紊地运转。为了确保每一件产品，即每一项财税任务，都能从起点安全、准确地到达终点，企业必须设计出一套标准化的业务流程。这不仅仅是为了减少人为的错误，更像是给企业装上了一台高效的导航系统，确保每个环节都能按照既定路线行进（如图 2-4 所示）。

以发票管理为例，我们不仅要明确发票的申领、使用和归档步骤，还要规定每一步的责任人和完成时限。这就好比是给发票的旅程设定了明确的交通规则和路标，确保它们不会在繁忙的街道上迷路或遇到交通事故。

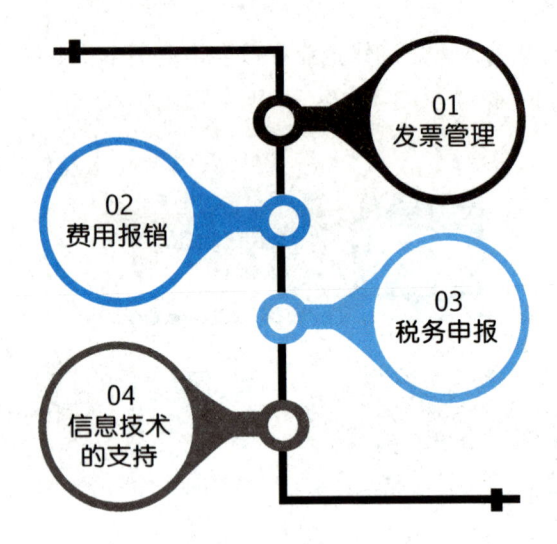

图 2-4　标准化流程设计的四个关键点

费用报销是另一个重要环节。通过制定统一的报销单据填写标准和审批流程，我们可以像流水线一样高效地处理每一笔费用，从提交到审批再到支付，每一步都清晰可追溯，就像每个环节都有摄像头监控一样，确保过程的透明和合规。

税务申报更是关键中的关键。税务申报不仅仅是填填表格那么简单，它需要对税法有深刻的理解，还要能及时响应税率调整或税收政策的变化。所以，标准化的税务申报流程就像是给企业配备了一名智能的税务顾问，随时更新政策变化，确保企业不会因过时的信息而误入歧途。

在实施这些标准化流程时，信息技术的支持就像给我们的生产线装上了自动化机械臂。财务软件和管理系统可以大幅度减少人为操作的失误，提高数据处理的速度和精确度。比如设置系统内的自动化规则，可以实现发票的自动归类和费用报销的自动审批，让机器帮助我们做更多的工作，我们只需要在一旁监督就好。

二、详细制定操作规范

详细的操作规范是企业财税管理中的"导航仪",它确保每一位员工都能在执行任务时找到正确的方向,避免走弯路或迷路,企业执行财税任务时也必须遵循详尽的操作规范。这些规范为每个流程提供了明确的指引,从收集必需的材料开始,一直到流程的最终完成,每一步都应该有清晰的指导。这就像是给员工一张精确的地图,上面标注了每一个转弯和停靠的地点,确保他们不会在执行任务的路上迷失方向。

假设一个企业要处理一项发票认证的工作,操作规范会明确指出需要哪些材料,比如原始发票、采购订单和付款证明,以及这些材料的准确填写格式。同时,规范还会指定责任人,可能是财务部门的某个员工,他需要在收到材料的两小时内完成审核。接下来,另一个员工需要在系统中录入信息,并在当日下午五点前完成。每一步的时间节点都要清晰,以确保整个流程像精准的齿轮一样运转。

此外,操作规范还应包含应对突发情况的指南,比如当遇到发票遗失或信息错误时,应如何快速有效地纠正,确保流程不会因此陷入停滞。通过这种方式,企业能够建立起一套透明且易于追溯的体系,大大降低了合规风险,同时也提升了工作效率。

三、强化流程监控与评估

如果说企业的财税流程是一条繁忙的高速公路,那么流程监控和评估就像是高速公路上的监控摄像头和路况评估团队。企业需要建立起一套流程监控机制,这就像是给高速公路安装监控摄像头,能够实时监测流程执行情况,及时发现并处理途中的障碍物或事故,确保流程的顺畅。

定期的评估和审查则像是定期的路况评估,通过分析监控数据,评估团队可以发现哪些路段容易拥堵,哪些路段有潜在的风险,从而制定出优化方案。同样,通过对财税流程的定期评估,企业可以发现流程中的瓶颈和问题,比如哪些步骤耗时过长,哪些环节容易出现错误,然后有针对性地进行调整和优化。

例如，通过监控发票处理流程，企业可能发现某个环节因为手工操作过多导致效率低下，于是就可以通过引入自动化工具来提高效率。或者在费用报销流程中发现某些员工提交的单据经常不符合标准，就可以有针对性地进行培训或简化报销流程。

此外，流程监控与评估还有助于提高财税合规性。就像高速公路上的交通规则必须遵守一样，财税流程也需要符合法律法规的要求。通过持续的监控和评估，企业能够确保其财税流程始终符合最新的税法规定和合规要求，避免因违规操作而产生的法律风险。

四、建立流程改进机制

在企业的财税管理中，建立一个有效的流程改进机制就像是为一座桥梁安装可调节的支架。随着时间和环境的变迁，这些支架可以根据实际情况进行调整，确保桥梁的稳定性和耐用性。同样，流程改进机制能够保证企业财税流程的适应性和灵活性，从而应对不断变化的业务需求和市场环境。

鼓励员工参与流程改进，就好比邀请桥梁的设计者和使用者共同参与桥梁的维护工作。员工作为流程的直接执行者，他们对流程中的问题和瓶颈有着最直接的感受。通过收集员工的反馈和建议，企业可以获得宝贵的一手资料，并基于这些信息来优化和调整流程。这不仅可以提升流程的效率，还能增强员工的参与感和归属感。

例如，如果多名员工反映某个报销流程烦琐，企业就可以针对这一反馈进行流程再造，简化不必要的步骤，或者引入更先进的自动化工具来减少手动操作。这种从下至上的改进方式，能够确保流程改进符合实际工作的需要，提高整个财税系统的运行效率。

此外，流程改进机制对于促进企业财税合规文化的建设也至关重要。当员工参与到流程改进中时，他们会更加深入地理解合规的重要性，以及自己在保持企业合规中扮演的角色。这种参与和理解有助于形成一种积极的合规文化，让合规成为每个人的自觉行动，而不仅仅是一项必须遵守的规定。

五、促进流程与技术的融合

在当今这个数字化的时代，信息技术就像是一个强大的魔法，它能够为企业的财税流程带来革命性的变化。想象一下，如果我们能将先进的技术应用到财税流程中，那就像是给企业装上了一台超级引擎，不仅能够大大提高流程的效率和准确性，还能降低人力成本，提升企业对财税风险的防控能力。

自动化工具就像是一群不知疲倦的小精灵，它们可以帮助我们自动完成重复性的工作，比如发票的自动归类、费用报销的自动审批等。这样，我们的员工就可以从烦琐的工作中解放出来，专注于更有价值的任务。

电子发票系统则像是一台时光机器，它能够让发票的申请、流转和归档变得瞬间完成，再也不用为丢失纸质发票或手动录入信息而烦恼。在线税务申报平台更是如同一个智能的税务顾问，它能够帮助我们快速准确地完成税务申报，及时更新税法变化，确保申报的合规性。

这些技术的应用不仅提升了工作效率，还增强了企业对财税风险的防控能力。就像是给企业穿上了一件隐形的护甲，能够在风险出现之前就及时发现并采取措施。例如，通过实时的数据分析，企业可以及时发现异常的财务活动，从而避免可能的损失。

G银行的流程优化与数字化转型

G银行作为全球最大的商业银行之一，其在流程优化与数字化转型方面的实践具有显著的代表性。近年来，G银行积极响应国家关于金融科技和税务合规的政策导向，大力推进业务流程的数字化改造。

2019年起，G银行开始实施一系列内部流程优化措施，包括但不限于财务报告流程、风险管理和客户服务流程。通过引入先进的信息技术，如大数据分析、云计算和人工智能，G银行成功提升了业务处理效率和风险控制能力。

G银行对内部流程进行了全面梳理，识别并消除了流程中的瓶颈和冗余环节。同时，银行还建立了一套标准化的业务操作规范，确保各项业务流程的顺畅执行。在税务合规方面，G银行通过电子发票系统和自动化税务申报流程，提高了税务申报的准确性和时效性。

流程优化和数字化转型不仅提升了G银行的服务质量和客户体验，还显著增强了银行的财税合规能力。通过自动化流程，银行有效减少了人为错误和风险，确保了业务操作的透明性和合规性。

据《中国日报》等媒体报道，G银行的数字化转型战略取得了显著成效，银行通过科技创新，成功将传统的金融服务与现代信息技术相结合，为客户提供了更加安全、便捷的服务。

例如，在2020年疫情期间，G银行利用其数字化平台，为受疫情影响的企业提供了线上财务和税务服务，确保了企业财税活动的连续性和合规性。这一举措不仅帮助企业渡过难关，也展示了G银行在流程与规范管理方面的行业领先水平。

G银行的案例展示了流程与规范在企业财税合规中的重要作用。通过不断优化流程和建立规范，G银行不仅提高了自身的运营效率，也为应对复杂多变的市场环境做好了准备。这一实践为其他企业提供了宝贵的参考，证明了流程与规范是企业实现财税合规和持续发展的关键。

第二篇 税务合规实战指南

第三章

增值税之舞：合规与风险

第一节 政策解读：跳动的旋律

近年来，随着我国经济结构的深度调整和市场需求的快速变化，税法改革与调整成为推动经济发展的重要举措之一。在诸多税种中，增值税作为影响企业生产经营活动的重要税种，其政策的调整尤其引人注目。

从税率的调整来看，自2016年全面实施营改增试点之后，我国在2018年又进一步优化了税率结构，增值税原本适用17%和11%税率的分别降至16%和10%。到了2019年，实行了更大幅度的税率下调：原适用16%税率的销售行为或者进口货物，税率降至13%，而原适用10%的部分，则降至9%。这一调整显著降低了企业的税收负担，提高了市场活力。

为了进一步减轻企业税负，我国近年还引入了增值税留抵退税政策。这意味着，企业在符合一定条件的情况下，可以将未抵扣完的进项税额申请退还，有效缓解企业的资金占用问题，提升资金周转效率。

这些政策的调整对企业产生了深远影响。一方面，降低税率直接减少了企业的生产成本，提高了利润空间。另一方面，减税有助于降低最终消费价格，从而刺激消费需求，扩大市场。同时，留抵退税政策也解决了企业长期存在的"留抵"问题，增强了企业的现金流，为企业的持续发展提供了支持。

然而，值得注意的是，虽然税率的降低为企业带来了诸多利好，但同时也要求企业加强内部管理，优化税务筹划，确保在这一轮税收优惠中真正受益。此外，随着国际经济形势的变化和国内经济结构的调整，未来增值税政策仍有可能进行微调，企业需要保持高度的敏感性和适应性，以应对可能的政策变动。

在财税合规的广阔舞台上，政策解读宛如一曲跳动的旋律，引领企业与时代同步。每当政府推出新的税法或调整税率，这旋律便奏响新的篇章，要求企业以敏锐的洞察力迅速捕捉政策的精髓，调整自身的管理和运营策略。恰如舞者随乐章变换步伐，企业也需随着政策的更新而调整舞步，确保在合规的基础上，与政策节奏同频。

正确的政策解读，不仅能够让企业规避因不合规而带来的法律风险，更能在政策的新风向下，发现并把握发展的机遇。它如同一位智者，指导企业如何在变幻莫测的市场环境中，优化财税策略，提升市场竞争力。接下来，我们将深入探讨如何精准解读财税政策，让企业在合规的同时，也能在政策的春风中，舞出更加精彩的发展篇章。

一、国内增值税政策解读

对于国内增值税相关政策，企业需要注意以下几个重点（如图3-1所示）。

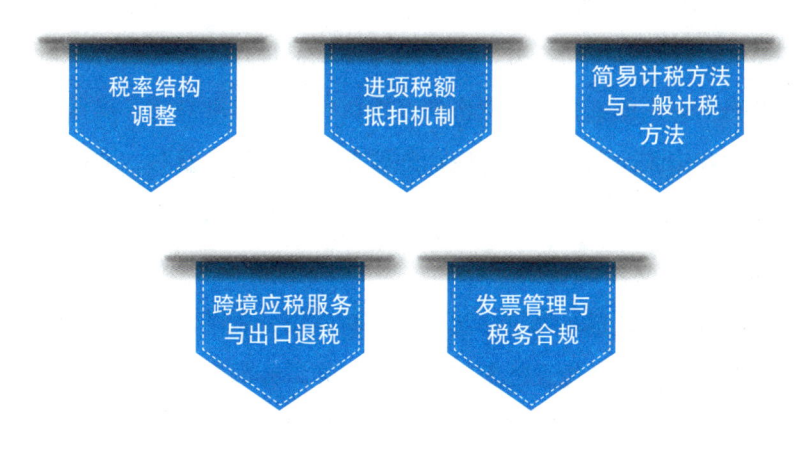

图3-1 增值税政策需要注意的五个重点

（税率结构调整；进项税额抵扣机制；简易计税方法与一般计税方法；跨境应税服务与出口退税；发票管理与税务合规）

第一，税率结构调整。我国的增值税政策经历了多次调整，目前实行的是多档税率结构，包括13%、9%、6%等不同税率。企业需要根据所提供的商品或服务类型，确定适用的税率，并了解不同税率的适用范围和调整动态。

第二，进项税额抵扣机制。增值税政策允许企业抵扣进项税额，即在计算应纳税额时，可以从销项税额中扣除购买商品或接受服务时支付的税额。这一机制有助于避免重复征税，降低企业税负。企业应充分了解进项税额的抵扣条件和操作流程。

第三，简易计税方法与一般计税方法。增值税纳税人可以根据自身情况选择简易计税方法或一般计税方法。简易计税方法适用于小规模纳税人，按销售额的一定比例征收；一般计税方法适用于一般纳税人，按照销项税额减去进项税额的差额征收。企业需要根据自身规模和经营特点选择合适的计税方法。

第四，跨境应税服务与出口退税。对于跨境应税服务，增值税政策有特别规定，如零税率或免税政策，以促进服务贸易的发展。同时，出口企业可以享受出口退税政策，即对出口商品已缴纳的增值税予以退还，以提高企业的国际竞争力。

第五，发票管理与税务合规。增值税发票是企业进行税务申报和税额抵扣的重要凭证。企业应严格遵守增值税发票管理规定，确保发票的真实性、合法性。同时，企业应加强税务合规管理，及时、准确地进行增值税申报和缴纳。

二、关注政策的动态更新

增值税政策就像是天气，总是在不断变化。有时候，国家税务总局会发布新的法规，就像突然来的一场雨，如果你没有带伞，就可能会被淋湿。所以，企业得时刻准备好伞，也就是持续关注最新的增值税法规、税率调整和优惠政策等信息。这样，无论政策怎么变，我们都能及时适应，确保税务活动的合规性。

这不仅仅是为了避税，更是为了确保企业的财务健康。毕竟，如果税务出了问题，企业就会面临不必要的麻烦。所以，无论是老板还是财务人员，都需要把眼睛睁大，耳朵竖起，时刻留意国家税务总局发布的每一条信息。

例如，国家突然宣布某项产品可以享受税收优惠，而某公司恰好在生产这项产品，那么这家公司就可以立刻抓住这个机会，享受优惠，降低税负。反之，如果这家公司没注意到这个变化，可能就错过了节省成本的机会。

所以，对待增值税政策，我们就得像个侦探一样，时刻保持警觉，捕捉每一个关键的信息。这样，我们才能确保企业的税务筹划和财务状况始终走在正确的轨道上。

三、优惠政策的合理利用

增值税优惠政策就像是国家不定期派发的红包，旨在鼓励和支持某些行业或区域的发展。这些红包内可能藏有各种优惠，比如减税、免税或者退税等，就像是不同的优惠券，各自带着特定的使用条件和有效期。企业如果想要顺利领取这些红包，就必须深入了解政策的具体内容和适用条件。

这就像参加一个促销活动，你得仔细阅读活动规则，确保自己符合条件，才能享受到优惠。如果只是看到"优惠"两个字就盲目行动，而没有理解背后的具体规定，就可能错失真正的优惠，甚至因为误解政策而产生不必要的税务风险。

企业需要像精明的消费者一样，不仅要积极寻找和把握这些税收优惠的机会，还要精准地理解每项政策的细节，确保在优惠合法的基础上，将这些税收优惠转化为企业的节税效益。同时，也要注意随时关注政策的变化，毕竟促销活动的规则可能会变，及时调整自己的策略，才能确保始终走在合规的轨道上。

四、增值税风险的识别与防范

增值税的合规管理就像是一场精心策划的安保行动，其核心不仅是确保税款的正确申报和缴纳，更重要的是对潜在税务风险的识别和防范。企业需要建立起一套风险评估机制，定期对增值税管理流程进行彻底的审查。

这个过程中，企业要像侦探一样，寻找可能的合规风险点，比如税率适用错误、发票管理不善等。这些风险就像是潜在的安全隐患，如果不及时发现并处理，可能会给企业带来不必要的麻烦，甚至损失。

因此，一旦发现了这些风险点，企业就需要采取相应措施予以防范。这就好比是给企业穿上了一件防护甲，能够有效防止这些风险对企业造成损害。通过这样的方式，企业不仅能够确保税务合规，还能够在复杂的市场环境中稳健前行，避免因税务问题而受到的损失。

第二节　申报与缴纳：优美的步伐

2018年7月，随着国家药品监督管理局的一纸通告，L生物疫苗造假事件曝光，震惊全国。一些媒体对此进行了深入报道，揭示了该公司在生产过程中的严重违规行为，同时，其税务问题也随之被推至风口浪尖。

报道指出，L生物在2017至2018年间，涉嫌虚开增值税发票，涉案金额高达数亿元，严重违反了增值税的申报与缴纳规定。税务机关介入调查后，确认了L生物逃税行为的存在，其逃税金额之巨，不仅损害了国家税收利益，也严重破坏了市场公平竞争环境。

L生物的税务违法行为，不仅加剧了其因疫苗造假而引发的公众信任危机，更对公司的声誉和财务状况造成了毁灭性打击。税务问题被曝光后，公司股价暴跌，市值蒸发，经营陷入困境。同时，该事件也触发了监管部门对生物制药行业税务合规性的全面审视，引发了行业内部的深刻反思和整改。

面对税务机关的审查，L生物不得不采取了一系列整改措施。公司高层进行了人事调整，解聘了涉事责任人，并加强了内部税务管理，重新梳理和规范了税务申报流程。此外，L生物还补缴了巨额的税款及滞纳金，以期减轻违法行为带来的影响。

L生物疫苗事件的税务问题，如同一面镜子，映照出企业在税务合规上的严峻挑战。这一案例深刻地提醒我们，申报与缴纳税款不仅是企业的基本责任，更是企业稳健发展的优美步伐。在税法的指引下，每一笔税款的申报与缴纳，都应准确无误，诚实守信，如同舞者在舞台上的每一个动作，都必须精准而优雅。

接下来，我们将探讨如何确保企业在申报与缴纳税款时，能够迈出优美的步伐，遵循税法规定，展现企业的诚信与责任，同时在合规的基础上实现企业的长远发展。通过这一过程，企业将能够在税务合规的舞台上，跳出更加和谐与稳健的舞步。

一、预缴与汇缴

增值税的预缴和汇缴就像是我们日常生活中的零花钱和年终奖。预缴呢，就好比每个月或者每个季度，妈妈给你的零花钱，让你别饿着，也别缺零花。而汇缴呢，那就是年底的时候，爸爸根据你的表现，再给你一笔年终奖，结清一年的收入。

放在企业身上，预缴就是在纳税年度内，按照月份或者季度，预先缴纳税款。这就像是给国家这个大家长，先送上一部分家用，确保家里的开销有着落。而汇缴，那就是年度结束后，根据全年的应纳税额进行汇总结算，多退少补。这就好比是年底的时候，你再和大家长算总账，看看这一年里，你是给家用给多了，还是给少了，多退少补嘛（如图3-2所示）。

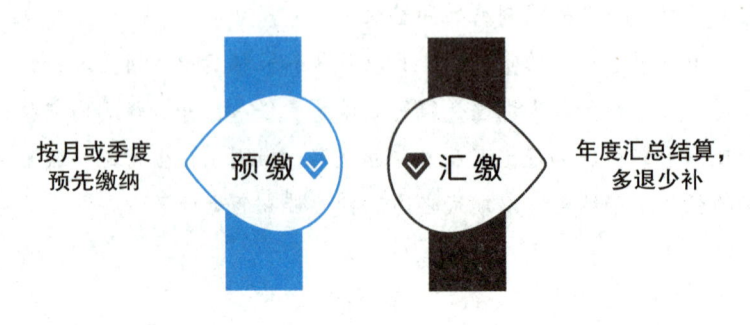

图3-2 预缴与汇缴的区别

明白了预缴和汇缴的区别和联系，对于合规纳税来说，就像找到了开启家门的钥匙，能确保你在纳税这条路上走得稳稳当当。

二、计算应纳税额的精确性

对于企业来说，正确无误地计算每个税务周期内应该支付给国家的税款至关重要。这个过程需要根据企业的实际营业活动以及国家税务局的相关规定来进行。具体来讲，企业要算清楚自己卖出产品或服务时产生的税（销项税额）以及在购买原料或接受服务时所付出的税（进项税额），并确保后者能够从前者中得到合理的抵扣。整个计算过程必须严格按照税法的要求执行，这样才能防止因计算失误而带来的不必要的税务问题，从而避免可能的法律风险和经济损失。

三、遵守预缴税款的时间规定

除了准确计算税款之外，企业还必须注意按照国家税法规定的时间表来提前缴纳税款。这意味着在每个月或每个季度结束后的一定时间限制内，企业需要向税务机关提交应缴的税款金额。这个期限是固定的，企业必须严格遵循，以确保不会因为没有按时缴税而受到罚款或其他经济上的惩罚。简而言之，及时缴税不仅是法律责任，也是保证企业良好信誉和平稳运行的必要条件。

四、准备并提交年度增值税汇缴申报表

当一个财政年度结束之后，企业需要着手进行一项重要的税务工作——准备并提交年度增值税汇缴申报表。这个过程涉及对企业在整个年度内的所有财务数据及税务记录进行详细的梳理和总结。具体来说，企业首先要收集全年的会计凭证、财务报表以及税务账簿，包括但不限于销售收入、成本开支、税金及附加等相关数据。

企业要对这些数据进行严格的核对和计算。这包括将每个月或季度的增值税申报数据累计起来，确保所有的销项税额和进项税额都被准确记录。企业还需要检查是否有适用的税收优惠政策或特殊事项影响了最

终的应纳税额。

在确认了全年的应纳税额和预缴税额之后，企业要据此计算出该年度的应补税额或应退税额。如果预缴税额大于应纳税额，企业可以向税务机关申请退还多缴的税款；反之，则需补缴差额。

在填写汇缴申报表时，企业要保证信息的准确性和完整性，因为任何错误或遗漏都可能导致税务处理的延误或罚款。申报表通常包括企业的基本信息、全年纳税情况、已缴税额、应补（退）税额等关键信息，并需附上相应的支撑文件，如财务报表、税务计算表和其他相关证明文件。

完成这些准备工作后，企业需要在规定的期限内将汇缴申报表及附件递交给税务机关。提交的方式可能因地区而异，有的地区接受纸质文件递交，有的则支持电子文件上传。此外，企业还应留意税务机关可能要求的其他特定指引或更新信息，确保汇缴申报的过程符合最新的税法规定。

M购物的增值税数字化管理

M购物，作为中国领先的综合性电子商务平台，其在增值税申报与缴纳方面的数字化管理实践，为国内企业提供了重要的参考。

在数字化转型的大潮中，M购物积极拥抱技术变革，通过引入先进的信息技术，优化了增值税的申报与缴纳流程。2019年，M购物开始实施电子发票系统，实现了从开票到申报的全流程数字化管理。

M购物通过建立集中的税务管理平台，整合了线上线下的税务数据，实现了增值税申报的自动化。该平台能够自动收集销售数据，计算应纳税额，并生成电子申报表。同时，M购物还加强了与税务机关的数据对接，确保了申报数据的准确性和及时性。

通过数字化管理，M购物不仅提高了增值税申报的效率，还降低了人工操作的错误率。此外，电子发票的推广也减少了纸质发票的使用，符合了绿色环保的发展理念。更重要的是，这一举措大大提升了M购物的税务合规性，减少了税务风险。

据《经济日报》报道，M购物的数字化税务管理得到了税务机关的高度评价。税务机关认为，M购物的做法有助于提高整个零售行业的税务管理水平，对促进税收现代化具有重要意义。

例如，在2020年的"双十一"购物节期间，M购物通过其税务管理平台，成功处理了数以亿计的交易的增值税申报工作。这一成就不仅展示了M购物的技术实力，也体现了其对税务合规的高度重视。

M购物的案例表明，通过数字化手段优化增值税的申报与缴纳流程，不仅能够提升企业的税务管理效率，还能够增强税务合规性，降低税务风险。在数字化时代，企业应积极探索技术创新在税务管理中的应用，以实现更加优美、高效的税务申报与缴纳步伐。

第三节　发票管理：华丽的转身

2020年，H影视的税务问题成为公众和监管机构关注的焦点。一些媒体对此进行了深入报道，揭露了H影视在2018至2019年间的增值税发票使用不当行为，涉及金额高达数亿元。报道指出，该公司的这一行为可能涉嫌逃税或虚开增值税发票，直接关系到增值税的申报与缴纳准确性。

新闻事实中提到的涉案金额之大，不仅暴露了H影视在税务管理上的严重疏漏，也反映了其在遵守税法规定方面存在重大缺陷。这种行为不仅违反了税法，也违背了企业的社会责任和诚信原则。

这一事件造成的影响是深远和严重的。H影视的税务争议不仅引起了市场和监管机构的高度关注，而且对公司的声誉和股价造成了显著的负面影响。投资者和市场对公司的财务透明度和合规性产生了深刻的疑虑，对公司的长期发展和市场信誉造成了损害。

H影视迅速采取了一系列行动以回应公众和监管机构的关切。公司对内部财务流程进行了全面的审查和优化，加强了税务合规培训，提高了员工的税法意识和合规操作能力。同时，H影视积极与税务机关合作，解决存在的税务争议，并公开声明将严格遵守税法规定，确保税务申报和缴纳的合法性，以重建公众和投资者的信心。

H影视的税务事件，如同一声警钟，唤醒了企业对税务合规的重视。这一事件凸显了发票管理在企业运营中的关键作用，提醒所有企业必须警惕税务风险，确保每一步操作都精准合规。发票管理不仅是企业财税合规的一部分，更是企业稳健运营的华丽转身。它要求企业在税务申报与缴纳中，展现出更高的自律和规范性，确保每一张发票的合法性与准确性。

　　接下来，我们将深入探讨发票管理的最佳实践，分析如何通过严格的内部控制和先进的技术手段，实现发票管理的规范化、自动化。这不仅是为了避免潜在的税务风险，更是为了在税务合规的基础上，提升企业的运营效率和市场竞争力。通过这一系列的措施，企业能够在税务合规的舞台上，完成一次更加优雅和高效的华丽转身（如图3-3所示）。

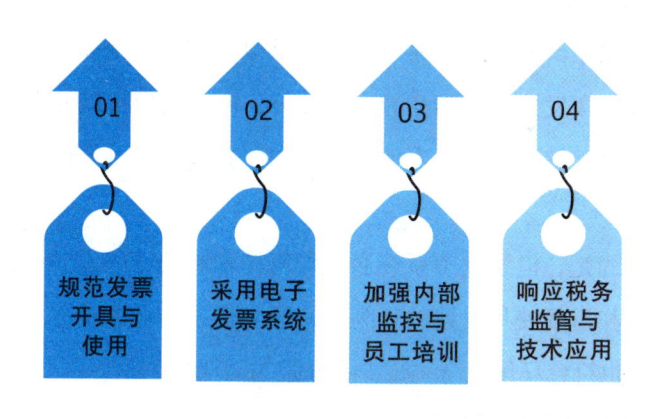

图3-3　发票管理的四项重要措施

一、规范发票开具与使用

　　在税务管理中，企业必须严格遵守国家税务总局关于增值税发票开具与使用的各项规定，确保每一张发票都能准确反映实际的交易情况。这意味着，开发票时须详细检查销售商品或提供服务的日期、金额、税率、购买方和销售方的名称及税号等信息，保证每项数据的正确无误。

为了进一步加强发票管理，企业应当建立起一套严格的发票使用流程。该流程从申领发票开始，就要确保申请的发票类型、数量与企业的实际经营需求相匹配。在开具发票时，要由授权人员操作，并经过内部审核，确认无误后才能交付给客户。

已开具的发票应妥善保管，以便未来的查询和核查。对于因打印错误或其他原因而作废的发票，需按照国家规定的程序进行处理，避免它们被不正当使用。此外，对于已停止使用或过期的发票，企业应按规定时间进行缴销，防止其流入市场。

二、采用电子发票系统

为了提高发票管理的效率和安全性，企业应积极采用电子发票系统。这样的系统不仅可以简化发票的开具、存储和检索过程，还能显著提升发票管理的安全性。

电子发票系统允许企业通过数字化手段快速生成发票，减少了传统手工填写或打印发票的时间和劳力。此外，电子发票可以长期保存在云端或其他数字存储设备中，支持快速检索和高效管理，方便随时查阅历史记录。

更重要的是，电子发票系统通过加密技术和独特的发票编号，有效预防了伪造和重复使用发票的行为，从而降低了企业的税务风险。电子发票的使用也符合环保理念，减少了纸张的消耗。

三、加强内部监控与员工培训

企业内部的监控系统就像是一座金库的安保系统，而增值税发票就是金库里的金银财宝。通过定期的内部审计，这就像是不断检查安保系统是否正常运作，确保发票使用情况合规性，防止任何不合规的行为像是小偷偷走金库里的财宝。

同时，加强员工对增值税发票管理规定的培训，这就好比是给守卫金库的保安进行专业培训，提升他们的警觉性和操作能力。只有确保所有相关人员都充分理解并遵守发票管理的重要性，才能像保安一样守护好金库，不让任何漏洞出现。

所以，企业在加强内部监控和员工培训上，就像在打造一个固若金汤的金库，让每一张发票都能安全、合规地使用，确保企业财税管理的稳定和可靠。

四、响应税务监管与技术应用

税务机关的监管要求就像是交通信号灯，而企业就像是行驶在路上的车辆。及时响应这些监管要求，配合进行发票检查和审计，就好比遵守交通规则，根据信号灯的指示行驶，确保不会遇到不必要的麻烦。同时，根据税务机关的反馈进行必要的管理改进，这就像根据路况调整行驶路线，避免拥堵，提高行程效率。

运用信息技术，如发票管理软件，来自动化跟踪和管理发票状态，这就像给车辆装上了最先进的导航系统。它不仅能够减少人为错误，还能提高管理效率，就像导航系统帮助司机找到最佳路线，避免走弯路，快速到达目的地。

所以，企业在响应税务监管和技术应用上，就像在驾驶一场安全且高效的旅行，不仅要遵守交通规则，还得利用先进的导航系统，确保旅途顺利，达到目的地。这样，企业的财税管理就能像行驶在高速公路上的车辆，既安全又快捷。

W科技的增值税发票数字化转型

W科技作为全球领先的信息与通信技术（ICT）解决方案提供商，其在增值税发票管理方面的数字化转型，是中国企业财税合规与创新的典范。

近年来，随着中国税务系统的不断升级，增值税发票管理逐渐向电子化、智能化转型。W科技积极响应国家税务总局的号召，于2019年启动了增值税发票管理的数字化改革项目。通过引入电子发票系统，W科技实现了从传统纸质发票到电子发票的转变。

W科技通过构建一个集中的电子发票管理平台，整合了企业内部的销售、财务和供应链等多个系统，实现了发票的自动化开具、传输和管理。该平台利用大数据和人工智能技术，对发票数据进行实时监控和分析，提高了发票管理的效率和准确性。

数字化转型极大地提升了W科技的增值税发票管理效率，减少了因手动操作导致的错误和遗漏。同时，电子发票的普及也降低了企业的运营成本，提高了客户体验。此外，通过与税务机关的数据直连，W科技确保了税务申报的及时性和合规性。

据《中国税务报》报道，W科技的电子发票管理系统获得了国家税务总局的认可，并作为行业内的标杆案例被广泛推广。该系统不仅提高了企业的税务管理水平，也为税务机关提供了更加精准的税收数据分析。

例如，在2020年疫情期间，W科技利用电子发票系统，为全球客户提供了不间断的发票服务。即使在远程办公的情况下，W科技也能够确保每笔交易的发票都能够及时、准确地开具和传递，保障了企业运营的连续性和合规性。

W科技的案例展示了增值税发票管理在数字化转型中的华丽转身。通过技术创新和流程优化，企业不仅能够提升税务管理的效率和准确性，还能够加强与税务机关的合作，实现税务合规的全面提升。在数字化时代，企业应积极拥抱变革，利用先进的技术手段，打造更加智能、高效的增值税发票管理体系。

第四章

企业所得税之歌：盈利与税收

第一节 政策解读：旋律的节奏

2021年，H科技技术有限公司（H科技）宣布了一项重大的税务筹划与创新激励计划，引起了国内外的广泛关注。一些杂志对此进行了深度报道，揭示了H科技如何通过合法的税务筹划，优化企业所得税负担，同时激发员工的创新活力。

H科技作为全球领先的通信技术企业，每年在研发上的投入高达数百亿元。根据报道，H科技利用国家对高新技术企业的研发费用加计扣除政策，将其研发支出的75%作为税前加计扣除项，有效降低了企业所得税的应纳税额。

此外，H科技还实施了一项针对关键技术人才的股权激励计划。根据国内企业所得税政策，对符合条件的股权激励支出，可以在一定期限内作为税前费用扣除。这一政策不仅有助于H科技吸引和留住高端人才，也促进了企业的长期稳定发展。

H科技的这一税务筹划与创新激励计划，不仅为企业节约了大量税款，还提升了企业的创新能力和市场竞争力。同时，这一计划也引起了其他企业对国内企业所得税政策的高度关注，许多企业开始积极探索如何利用税法规定，进行合理的税务筹划，以降低税负并促进企业发展。

从 H 科技的故事中，我们看到了企业所得税政策解读的重要性——它如同旋律的节奏，为企业的稳健发展和创新驱动注入了活力。在接下来的篇章中，我们将深入探讨如何跟随这节奏，精准把握企业所得税政策的精髓，以及如何通过这些政策的合理运用，为企业的税收优化和创新发展谱写出更加美妙的乐章。

我们将细致解读政策的每一条旋律，指导企业如何在合规的前提下，充分利用税收优惠，降低税负，增强竞争力。通过这些策略和方法，企业可以在税务合规的大道上，迈出更加坚定和有力的步伐，实现可持续发展的宏伟蓝图（如图 4-1 所示）。

图 4-1　企业所得税政策应注意的五个方面

一、税率结构及适用标准

在当前经济形势下，税率结构和适用标准是企业税务筹划的重要环节。根据最新的税法规定，一般企业所得税的税率为 25%，这一标准适用于大多数盈利企业。然而，为了鼓励特定行业的发展和减轻小微企业的税负，国家出台了一系列优惠政策。

例如，对于高新技术企业，国家提供了 15% 的优惠税率，这旨在支持技术创新和科技进步。这类企业通常需要满足一定的研发费用投入比例和拥有核心自主知识产权等条件。此外，小型微利企业在符合年应纳税所得额不超过 300 万元的条件下，一般可享受 20% 的税率，进一步降低到 5% 或 2.5% 的税率也是可能的，这极大地减轻了创业初期企业的税收负担。

二、税收优惠政策

国家出台的税收优惠政策旨在促进特定行业或地区经济的发展，减轻企业税负，提高市场竞争力。这些政策包括研发费用加计扣除、针对特定区域的税收减免等措施。

研发费用加计扣除政策允许企业在计算应纳税所得额时，将符合条件的研发费用在原有基础上按一定比例（如75%或100%）加计扣除。这意味着企业实际支出的研发费用在税务上可以得到额外的扣除，有效降低了应纳税所得额。例如，一家软件公司年度研发支出为100万元，按照75%的加计扣除比例，该公司可额外扣除75万元，从而大大减轻了税负。

对于特定区域的税收减免，国家为了支持西部大开发、东北振兴等地区战略，提供了一系列的税收优惠。在这些地区的企业可能享有减免企业所得税、增值税等税收优惠。比如，在西部地区设立的高新技术企业，除了可以享受国家规定的15%的税率外，还可能获得地方税收返还等优惠政策。

此外，还有针对小型微利企业的税收优惠政策，如前所述，可以享受低至2.5%的税率。这些政策极大地鼓励了创业和小企业的发展，减轻了它们的财务压力。

三、转让定价与反避税规则

随着全球经济一体化的深入发展，跨国企业的转让定价问题日益受到各国税务机关的关注。在此背景下，我国税务机关加强了对跨国企业转让定价行为和税收筹划活动的监管，以确保税收合规性和公平性。

根据《中华人民共和国企业所得税法》及其实施条例，以及国家税务总局发布的《特别纳税调查调整及相互协商程序管理办法》等相关政策文件，企业在进行跨国关联交易时，必须遵循独立交易原则。这一原则要求关联企业之间的交易条件应与独立企业之间的交易条件相一致，确保交易价格的合理性。

为遵守这一原则，企业需要进行详细的转让定价分析，包括市场分析、功能风险分析、定价方法选择等，以确定合理的转让价格。企业还应准备相关的转让定价文档，以便在税务调查中能够证明其定价策略的合理性。

违反独立交易原则可能导致税务机关对企业进行转让定价调整，甚至施加罚款。例如，如果一家跨国企业在国内的销售价格显著低于市场价格，税务机关可能会认为该企业通过低价销售以减少在中国的税负，从而对其进行转让定价调整，要求企业补缴税款并可能处以罚款。

企业应高度重视转让定价问题，合理规划关联交易，确保遵守独立交易原则。同时，企业还应关注国际税收合作的最新动态，如 OECD 的 BEPS（侵蚀税基和转移利润）行动计划，以及我国与其他国家和地区签订的双边税务协议，这些都可能影响企业的税收策略和转让定价安排。

四、税收征管与合规要求

如果将税收征管比做国家为企业设计的一场考试，那么企业所得税政策就是考试的规则。在这场考试中，合规性是企业必须遵守的基本原则，就像是考生必须遵守考场规则一样。为了确保合规，企业需要建立健全的财务管理和税务申报制度，这就像考生需要系统复习，掌握所有知识点，以确保能够在考试中正确回答问题。

企业应按照规定期限准确申报税款，这就像考生需要在规定时间内完成试卷，不能迟到也不能早退。同时，对税务资料进行妥善保管，以备税务机关检查，这就像考生需要妥善保管自己的身份证和准考证，以备监考老师检查。如果企业未能遵守这些规定，就像考生违反考场规则，可能会面临不必要的麻烦。

五、税务筹划与风险控制

税务筹划就像在森林里找路，虽然有很多条路可以走，但企业得确保自己选的路不仅快捷而且安全，最重要的是要合法。法律就像森林的边界，告诉我们哪些地方可以去，哪些地方是禁区。因此，企业在进行税务筹划时，必须在法律允许的范围内进行，这就像在森林中选择一条清晰的、被认可的道路，避免采取非法手段逃避税收，那就像踏入了森林的禁区，可能会遇到不必要的麻烦。

同时，企业应建立税务风险控制机制，就像在旅途中随身携带的指南针和地图，帮助我们识别方向，避免迷失。定期进行税务风险评估，就像在旅途中不断检查自己的路线，确保不会偏离正确的方向。通过这样的方式，企业可以确保税务筹划活动不会导致税务争议或法律风险，就像确保自己在森林中行走时，既快速又安全，不会遇到危险。

第二节 预缴与汇缴：和谐的共鸣

> 2021年，一家位于北京的科技公司因未按规定进行企业所得税的预缴和汇缴，被税务机关处以高额罚款。该公司在2020年度的财务报表中显示利润颇丰，但在预缴企业所得税时，由于对税法理解不足，未能准确计算应纳税所得额，导致预缴税款远低于实际应缴税额。
>
> 在年度汇算清缴时，税务机关发现该公司存在多项费用支出不符合税法规定，且未进行必要的纳税调整。最终，该公司不仅需要补缴大量税款，还因违反税法规定，被处以相当于未缴税款50%的罚款，总计金额高达数百万元。
>
> 此事件对该公司造成了严重的财务和声誉损失。股价应声下跌，投资者和市场对公司的信任度大幅下降。同时，公司管理层也因对税务合规性的忽视，受到了股东和公众的广泛质疑……

在该科技公司的案例中，我们见证了企业所得税预缴与汇缴的重要性，它们如同一曲和谐共鸣的乐章，提醒着所有企业必须准确而及时地履行税务义务。这一案例不仅凸显了合规经营的必要性，也为其他企业提供了税务管理的重要教训。

正如一首美妙的交响乐需要各个乐器的协调配合，企业的税务申报同样需要精准和有序。在接下来的内容中,我们将指导企业如何合理规划税务,降低税负,同时促进企业的健康发展。通过这些策略和措施,企业可以在税法的框架内,演奏出税务合规与优化的和谐乐章,确保企业的稳健发展和市场竞争力(如图4-2所示)。

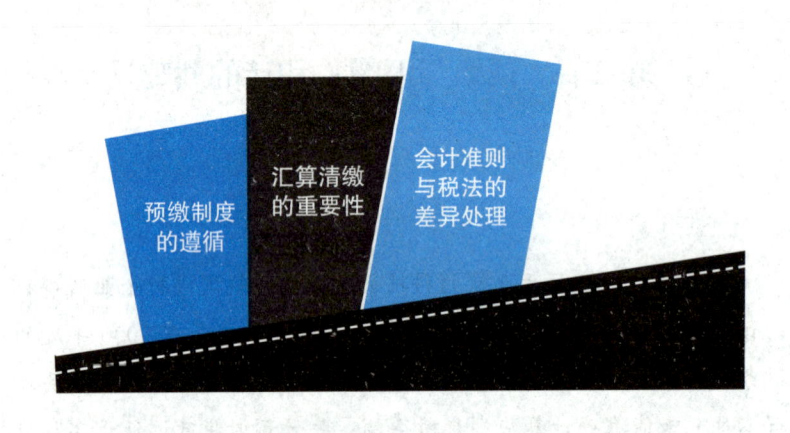

图4-2 缴纳税款时需注意的三个重点

一、预缴制度的遵循

企业所得税的预缴制度是税收管理中的一项重要安排,旨在确保税收及时、稳定地流入国库,同时也帮助企业更好地管理其税务负担。根据《中华人民共和国企业所得税法》及其实施细则和相关税务规定,企业应按其利润的季度或月度实际数额预缴企业所得税。

预缴比例通常设置在年度预计应纳税额的一定比例,如25%或其他规定比例,但具体比例可能因地区和政策有所不同。企业须在每个季度结束后的15日内,根据实际利润预估额计算并预缴税款。这一过程要求企业具备准确的财务记录和利润预测能力。

例如,一家年利润预计为1亿元的企业,按照25%的税率,其年度预计应纳税额为2500万元。如果按季度预缴,每季需预缴税款约为625万元。企业需在每个季度结束后的15日内完成税款的预缴工作。

每年年度终了时，企业还需进行汇算清缴。这一过程中，企业将根据全年实际发生的收入与成本费用等数据，计算确切的应纳税额，并与已预缴的税额进行比较，进行退税或补缴操作。汇算清缴不仅确保了税收的正确性，也帮助企业准确了解自身的税务状况。

企业未按规定比例或期限预缴税款，可能会面临滞纳金及罚款。因此，合规的税务筹划和准确的财务报告对遵守预缴制度至关重要。

二、汇算清缴的重要性

汇算清缴是企业在纳税年度结束后，根据全年的财务报表和实际利润，对已预缴的税款进行汇总结算的过程。这一过程不仅是税法的要求，也是企业合规税务管理的重要组成部分。通过汇算清缴，企业能够确保其全年应纳税额的准确性，实现税收的多退少补。

根据《中华人民共和国企业所得税法》规定，企业需在每年度结束后的五个月内进行汇算清缴。在这个过程中，企业需要提交包括年度财务报表、利润表、预缴税款证明以及可能的税务调整项目等相关资料给税务机关。

例如，一家企业在年度结束后，通过财务审计发现某些支出未能在预缴时扣除，或某些收入未计入预缴基础。这时，企业需在汇算清缴期间对这些项目进行调整，确保应纳税所得额的正确性。如果预缴税款超过了实际应纳税额，企业可以申请退还多缴的税款；反之，则需补缴差额。

汇算清缴的重要性在于它提供了一个修正和调整的机会，帮助企业与税务机关就过去一年的税务情况进行最终确认。这不仅可以防止因税务问题导致的滞纳金或罚款，还能增强企业的财务透明度和信用度。

三、会计准则与税法的差异处理

在预缴和汇算清缴过程中，企业需要特别注意会计准则与税法规定之间可能存在的差异。这些差异主要来源于会计和税法对某些事项的不同处理方式，例如资产折旧、存货评估、准备金设置等。会计准则通常更加注重公允价值的反映，而税法可能更侧重于实际发生的原则。

例如，按照《企业会计准则》，企业可能会采取加速折旧的方法来更快地摊销资产成本，这有助于优化财务报表中的净资产表现。然而，根据《中华人民共和国企业所得税法》及相关规定，税务机关可能只允许采用直线折旧法，导致在税务上需对折旧费用进行调整。

另外，企业在会计处理中可能计提了某些预计负债或准备金，如产品质量保证准备金，而税法中可能不允许将这些准备金作为税前扣除项，需要在计算应纳税所得额时加以调整。

因此，企业在进行预缴和汇算清缴时，必须对这些差异进行详细的分析，并做出相应的纳税调整。这一过程要求企业财务人员不仅要熟悉会计准则，还需深入了解税法的相关规定。合理的税务筹划可以帮助企业减少不必要的税务负担，避免因未调整会计差异而导致的税务风险。

第三节　优惠政策：激昂的高潮

> 2022年，一家致力于可再生能源技术开发的绿色能源科技公司，通过充分利用国家的企业所得税优惠政策，实现了显著的经济效益和环境效益。该公司积极响应国家节能减排的号召，投入大量资金研发太阳能和风能技术。
>
> 公司在研发初期面临巨大的资金压力，但得益于国家对环保型高新技术企业的税收优惠政策，该公司享受到了15%的企业所得税优惠税率，同时其研发费用按照75%的比例加计扣除，极大地减轻了公司的税收负担。
>
> 得益于税收优惠的支持，该公司不仅成功研发出多项具有自主知识产权的核心技术，还吸引了更多的风险投资，加速了技术的市场化和产业化。公司的快速发展，不仅提升了自身的市场竞争力，也为国家的绿色能源战略贡献了力量。

这家绿色能源科技公司的案例，如同一首激昂的交响乐中的高潮，展现了企业所得税优惠政策的巨大潜力和影响力。这一案例不仅为其他企业照亮了降低税负的道路，更激发了他们加大研发投入、加速技术创新的动力，引领着企业走向可持续发展的未来。

在这一启示下，我们认识到优惠政策不仅是企业减税的福音，更是推动技术进步和产业升级的强大引擎。接下来，我们将深入探讨如何捕捉这些政策中的激昂高潮，指导企业如何深入研究并合理利用企业所得税优惠政策（如图4-3所示）。

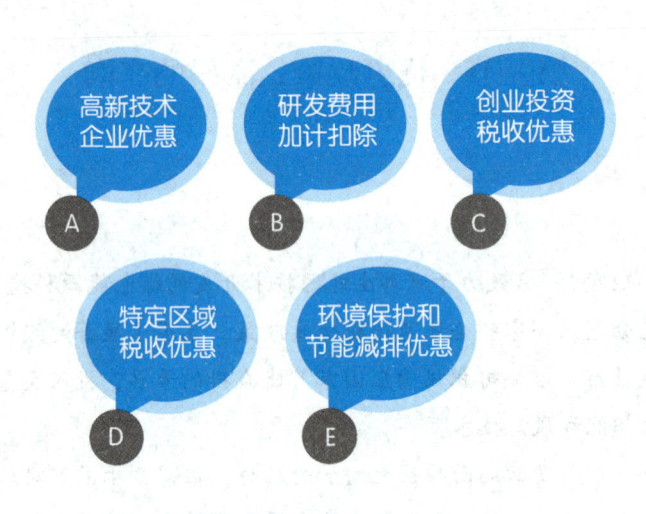

图4-3　五种重要的企业所得税优惠政策

一、高新技术企业优惠

为了推动技术创新和科技进步，国家对高新技术企业提供了显著的税收优惠。根据《中华人民共和国企业所得税法》和《高新技术企业认定管理工作指引》，经科技部门和税务部门联合认定的高新技术企业，可以享受减按15%的税率征收企业所得税的优惠政策，相较于一般企业25%的税率，这无疑是一项重大的税收减免。

这一优惠政策旨在鼓励企业增加研发投入，促进科技成果转化。企业在获得高新技术企业资格后，可在资格有效期内（通常为三年）享受这一税率优惠。在此期间，企业需要持续进行研发活动，并按规定向税务机关报送相关的研发费用加计扣除等资料。

例如，一家年利润为 1 亿元的高新技术企业，按照 15% 的税率计算，其应纳税额为 1500 万元。相比之下，如果按常规 25% 的税率计算，其应纳税额将达到 2500 万元，因此该企业通过高新技术企业优惠，每年可节省 1000 万元的税款。

企业申请成为高新技术企业，需要满足一系列条件，包括持续进行研发活动、拥有核心自主知识产权、产品或服务属于《高新技术领域目录》等。企业应积极准备相关材料，包括知识产权证书、研发项目资料、研发人员名单等，向科技部门提交认定申请。

成功获得高新技术企业资格不仅有助于降低税负，还能提升企业的市场竞争力和品牌影响力。此外，一些地方政府还可能为高新技术企业提供额外的支持政策，如资金补贴、研发场地支持等，进一步促进企业发展。

二、研发费用加计扣除

为了鼓励企业增加研发投入，提高科技创新能力，税法提供了研发费用加计扣除的优惠政策。根据《中华人民共和国企业所得税法实施条例》和《关于完善研究开发费用税前加计扣除政策的通知》（财税〔2015〕119 号），企业发生的研发费用，在计算应纳税所得额时，可按照一定的比例（目前为 75%）进行加计扣除。

具体来说，如果企业当年的研发费用为 100 万元，除了这些费用可以在税前全额扣除外，还可以额外享受 75 万元的加计扣除，即研发费用按 175 万元计入税前扣除项目。这意味着，企业的应纳税所得额将相应减少，从而降低税负，增加企业的净利润。

举例说明，假设一家制造业企业的年收入为 1 亿元，正常税率为 25%，其应纳税额本应为 2500 万元。如果该企业在当年投入了 500 万元于研发活动，那么这部分研发费用可以在计算应纳税所得额时加计 75%，即可以额外扣除 375 万元（即 500 万元 ×75%）。因此，该企业调整后的应纳税所得额将变为9125万元（即1亿元－500万元－375万元），相应的应纳税额为2281.25万元（即9125万元×25%），比原应纳税额节省了218.75万元（即2500万元－2281.25万元）。

研发费用加计扣除政策适用于所有进行研发活动的企业，但企业需要按照相关要求，设置专门的研发费用辅助账，准确归集和核算研发费用，并在税务申报时提供相关证明材料。此外，企业还需注意研发费用的具体范围和条件，确保符合条件的费用能够被税务机关认可。

三、创业投资税收优惠

为了鼓励更多的社会资本投向科技创新领域，支持初创科技型企业的成长与发展，国家出台了针对创业投资企业的税收优惠政策。根据《中华人民共和国企业所得税法》和相关财税文件，对符合条件的创业投资企业，其对初创科技型企业的投资额，可以按规定比例抵扣应纳税所得额。

具体来说，创业投资企业对未上市的中小高新技术企业进行股权投资满两年后，可以根据投资额的一定比例（通常为70%）在计算应纳税所得额时享受抵扣。这一政策意味着，创业投资企业在进行投资时，不仅可以获得潜在的经济回报，还可以立即获得税收上的优惠。

举例说明，假设一家创业投资企业对一家初创科技型企业投资了1000万元，并持有该股权超过两年。按照70%的抵扣比例，该创业投资企业在计算当期应纳税所得额时，可以额外抵扣700万元。如果该企业当期的应纳税所得额为5000万元，那么经过抵扣后，其应纳税所得额减少为4300万元（即5000万元－700万元），从而相应降低了企业所得税。

创业投资企业要享受这一税收优惠，需要满足一定的条件，包括投资对象的资格、投资期限、投资方式等，并需在税务机关进行相关的备案和申请工作。因此，创业投资企业应详细了解相关政策要求，合理规划投资策略，确保能够享受到这一税收优惠。

四、特定区域税收优惠

为了促进特定区域的经济发展潜力，国家针对在自由贸易区、高新技术产业开发区等国家认定的特定区域内注册经营的企业，提供了一系列税收减免或税率优惠措施。这些措施旨在吸引企业投资，促进区域经济发展和科技创新。

在自由贸易区内，企业可能享受到的税收优惠包括减按企业所得税优惠税率（如15%），以及在进口设备、材料时可能降低或免除关税和增值税。例如，一家在自由贸易区注册的进出口公司，因其业务特点可能获得所得税率大幅降低至15%，并且其进口的货物可以享受关税和增值税减免，从而显著降低运营成本，提高竞争力。

在高新技术产业开发区内，企业通常可以享受到研发费用加计扣除、高新技术企业的税率优惠等政策。比如，一家位于高新技术产业开发区的科技公司，不仅可以申请认定为高新技术企业，享受15%的优惠税率，其高额的研发费用还能按规定比例加计扣除，进一步减轻税负，激励企业加大研发投入，推动技术创新。

此外，一些特定区域还可能提供地方税收返还、租赁补贴等优惠政策，进一步降低企业的运营成本。例如，某企业在高新区新设立的研发中心，除了享受国家税收优惠外，还可能获得地方政府提供的租金补贴，减少初期的资金压力。

五、环境保护和节能减排优惠

为了鼓励企业参与环境保护和节能减排活动，国家为这些领域的企业提供了一系列税收减免或税率优惠措施。这些政策旨在促进可持续发展，引导企业采用环保技术和生产方式，减少对环境的负面影响。

在《中华人民共和国企业所得税法》及其实施条例中，对于符合条件的环境保护、节能节水项目，企业可以享受到所得税优惠。例如，企业购置并使用环境保护、节能节水、安全生产等专用设备的投资额，可以按照一定比例（如10%）从当年的应纳税额中抵免；不足抵免的部分，可以在以后五个纳税年度内结转抵免。

举例来说，一家制造企业投资1000万元用于购买和安装新型节能设备，这笔投资可以在计算当年应纳税所得额时，享受一定比例的税额抵免。如果该企业当年应纳税额为500万元，那么通过投资额抵免，其实际应纳税额可能降至450万元（假设抵免比例为10%），从而节省了50万元的税款。

此外，企业在进行节能减排技术改造、生产节能环保产品等方面，还可以享受增值税、消费税等相关税种的优惠。比如，生产销售节能环保产品的企业，可以按照规定享受增值税即征即退、免征或减征等优惠政策。

科技发展公司A的税负优化之路

位于中国深圳的科技发展公司A，专注于软件开发及云计算服务，随着业务迅速扩展，公司面临前所未有的挑战和机遇。一方面，业绩快速增长带来了丰厚的收益；另一方面，却因税负过重而让管理层犯难。

公司A的CFO老李，发现虽然业绩增长迅猛，税后利润却没有同步上升。高额的企业所得税成为制约公司发展的瓶颈。同时，研发部门因资金不足难以招募更多优秀人才，扩大研发规模。老李意识到，若不立即采取措施优化税负，公司的发展将受到严重限制。

为此，老李找到了一个财税咨询公司，这个财税咨询公司在深入调研公司A的情况后，为公司A制定了如下的节税策略（如图4-4所示）：

图4-4 公司A节税的四项策略

1.研发费用加计扣除：税法规定，研发费用超出基数部分可享受75%的加计扣除。公司A投入研发费用500万元，超出基数200万元，享受150万元（即200万元×75%）的加计扣除额，按25%税率计算，节税37.5万元（即150万元×25%）。

2.资产折旧优化：采用加速折旧法，新购置的服务器设备总额300万元，折旧年限由6年缩短至3年，前期折旧费用增加，降低应纳税所得额，延缓税款缴纳。

3.员工股权激励计划：以股票期权形式授予关键员工，假设期权支出100万元，在计算应纳税所得额时可按规定扣除，节税25万元（即100万元×25%）。

4.利用税收优惠政策：成功申请高新技术企业，享受15%优惠税率，假设原应纳税所得额为2000万元，优化前税率25%，优化后税率15%，节省税费200万元[即2000万元×（25%－15%）]。

通过上述税务规划，公司A当年总计节税262.5万元（即37.5万元＋25万元＋200万元），有效降低了税负，增强了研发投入和市场竞争力。节省的税费重新投入到研发和市场扩张中，促进了公司的持续健康发展。

第五章

个人所得税之韵：薪酬与税务

第一节 税收结构：综合与分类相结合

在我国，个人所得税采用了一种综合与分类相结合的税制。这种税制的设计旨在更公平地分配税收负担，同时简化税收管理。具体来说，个人的收入被分为劳动性收入和资本性收入两大类，每类收入的税收处理方式不同。其中，工资薪金、劳务报酬等劳动性收入合并为综合所得，按累进税率表计算纳税；而利息、股息、租金等资本性收入则按分类所得单独计税。

> 小李是一名软件工程师，每月有固定的工资薪金收入，并且他还通过写作获取稿酬，这些都属于劳动性收入。根据最新的《中华人民共和国个人所得税法》，他需要将这些劳动性收入合并计算，按综合所得的累进税率表来计算纳税额。这意味着他的总劳动收入将按照一个统一的税率进行征税，这个税率是随着收入的增加而逐级提高的。
>
> 此外，如果他还有银行存款利息、股票股息或出租房屋的租金收入，这些则被视为资本性收入。按照税法，这些资本性收入并不计入综合所得计税，而是各自按照相应的分类所得的税率进行单独计税。例如，利息收入可能享受较低的税率，而租金收入可能有专门的减免规定。

第五章 个人所得税之韵：薪酬与税务　77

第二节　税收优惠：起征点与专项附加扣除

在我国，个人所得税的计算充分考虑了纳税人的基本生活需要和家庭负担，通过设定起征点和提供专项附加扣除来减轻税负。起征点是指每月收入在一定额度以下的部分不需要缴纳个税，而专项附加扣除则针对特定的支出项目如子女教育、继续教育、住房贷款利息等，允许纳税人在计算应纳税所得额时进行额外扣除。

> 小陈月收入为20000元。根据《中华人民共和国个人所得税法》，个人所得税的起征点为每月5000元。这意味着小陈每月有5000元的收入是不需要缴纳个税的，只有超过这个金额的部分才需要纳税。
> 　　此外，小陈有一个正在上小学的孩子，并且他最近报名参加了一个专业进修课程来提升自己的技能。根据税法，小陈可以享受子女教育和继续教育的专项附加扣除。假设小陈的子女教育每月扣除1000元，继续教育每月扣除400元，那么他在计算应纳税所得额时，可以再额外扣除这些费用。由此可得：
> 　　应纳税所得额＝总收入－起征点－专项附加扣除＝20000－5000－1000－400＝13600（元）。
> 　　根据累进税率表，小陈的应纳税额将基于13600元的应纳税所

得额来计算。通过这些税收优惠措施，小陈不仅能够支持孩子的教育，还能通过继续教育提升自己的职业技能，同时减轻了自己的经济负担。这样的税务设计既体现了对个人和家庭基本生活需要的尊重，也鼓励了教育和职业发展，助力个人和社会的进步。

第三节　税收清算：年度汇算清缴制度

我国个人所得税实行的年度汇算清缴制度是税收管理的一项重要安排，旨在确保纳税人按年度总收入和法律规定的税率及扣除项准确缴纳税款。这一制度要求纳税人在每年的一定时期内（通常是每年的3月至6月），汇总上一财政年度的综合所得，包括工资薪金、劳务报酬等劳动性收入，并减去基本减除费用、专项附加扣除（如子女教育、继续教育、住房贷款利息等）以及其他依法确定的扣除额后，按照年度税率表重新计算应纳税额。

小张是一名在IT行业工作的专业人士，年收入包含工资、奖金以及一些兼职项目的劳务报酬。在年终时，小张需要根据《中华人民共和国个人所得税法》进行年度汇算清缴。首先，他会汇总全年的综合所得，包括他的工资、奖金以及兼职收入。然后，他会从这些收入中扣除基本免税额（起征点）、专项附加扣除（如他为孩子支付的教育费用、自己的继续教育费用等）和其他相关扣除。

假设小张的年度总收入为300000元，基本免税额为60000元（即5000元/月×12个月），专项附加扣除总额为36000元。那么，他的应纳税所得额为204000元（即300000元－60000元－36000元）。接下来，小张将根据适用的年度累进税率表计算应纳税额。

如果小张已经通过预扣预缴的方式缴纳了税款，他会将实际已缴税额与通过年度汇总计算出的应纳税额进行比较。如果已缴税额大于应纳税额，税务机关会退还多缴的税款；如果已缴税额小于应纳税额，则需要补缴差额。

通过年度汇算清缴，小张可以清楚地了解自己的税务状况，确保符合国家的税法规定，同时也可以根据个人实际情况合理规划财务和税务事宜。

第三篇 用工风险识别与守护

第六章

用工风险迷雾：识别与导航

第一节　风险种类：迷雾中的路标

> 2022年，一家位于深圳的技术公司陷入了严重的知识产权纠纷。该公司的一名前员工在离职后不久，加入了竞争对手的公司，并带去了在原公司工作期间参与研发的核心技术。这些技术原本是该公司的商业秘密，对公司的竞争力至关重要。
>
> 该员工的行为不仅违反了与原公司签订的保密协议，也给原公司造成了巨大的经济损失和市场压力。原公司随即采取法律行动，将前员工和竞争对手公司一同告上法庭，要求赔偿损失。
>
> 这起事件在业界引起了广泛关注，不仅因为涉及的金额巨大，更因为它凸显了企业在用工过程中可能面临的知识产权与商业秘密风险。该技术公司因此加强了对员工的保密教育和合同管理，同时这件事也对整个行业的知识产权保护意识产生了深远影响。

企业用工风险管理，犹如在迷雾中寻找前行的路标，指引企业稳健地航行在人力资源管理的复杂海域。面对诸多潜在的用工风险，企业必须识别并妥善应对这些挑战，以确保运营的顺畅和合规。

那么，企业在用工过程中可能遇到哪些主要风险呢？从劳动合同的签订到员工离职的每一个环节，都可能隐藏着风险点，接下来，我们将深入探讨这些常见的风险种类（如图6-1所示）。

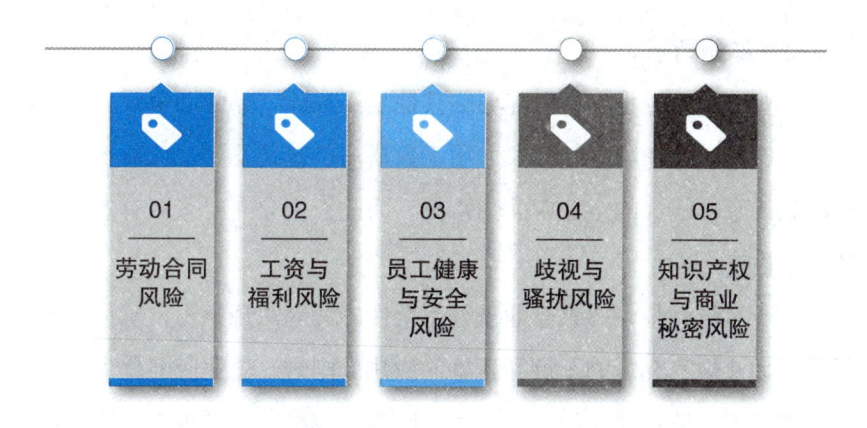

图 6-1　企业用工常见的五种风险

一、劳动合同风险

企业在日常运营中，与员工的劳动合同管理是一个重要而敏感的领域。劳动合同不仅是明确双方权利和义务的法律文件，也是预防和解决劳动争议的关键工具。然而，在签订、续签或解除劳动合同的过程中，如果管理不当，企业可能面临多种用工风险。

首先，未按照法律规定签订书面劳动合同是一大风险。根据《中华人民共和国劳动合同法》的规定，用人单位与劳动者建立劳动关系时，必须订立书面劳动合同。如果企业未在用工之日起与员工签订书面劳动合同，将面临支付二倍工资的法律责任。如下文案例中，由于张某在某公司工作期间，公司未与其签订劳动合同，最终法院判决公司需向张某支付未签订劳动合同期间的双倍工资差额。

其次，补签或倒签劳动合同虽然在法律上是允许的，但这种做法需要谨慎处理。补签指的是事后签订合同，但合同期限起始于用工之日，而倒签则是除了合同期限外，把签订日期也写为用工之日。这些做法虽然不违背法律，但需要确保双方的真实意愿，并且不存在欺诈、胁迫等情况。如下文案例中，尽管周某与公司的劳动合同是补签的，但由于补签合同反映了双方的真实意思表示，最终仲裁机构驳回了其要求支付双倍工资差额的请求。

企业在用工过程中还可能面临其他用工风险，如劳动争议、经济赔偿等。这些风险在成立时间长、用工数量多、曾经发生过劳动争议、赔偿次数或金额较大的企业中尤为常见。因此，企业需要采取有效措施进行风险管控。

对于风险管控，建议企业进行系统性的劳动法规学习，确保管理人员对劳动法规有充分的了解和正确的应用。同时，企业应强化事前主动防控的意识，通过建立规范的劳动合同管理流程，定期审查和更新合同内容，以及提供相关培训，确保劳动合同的合规性和有效性。

未签订劳动合同的风险实例

张某于2019年7月加入一家电子科技公司，担任销售经理。由于管理层的疏忽，公司未能在张某入职后的一个月内与其签订书面劳动合同。张某在公司工作了一年后，对公司的薪酬调整和晋升机制感到不满，决定离职，并在离职前咨询了法律意见。

基于《中华人民共和国劳动合同法》第八十二条的规定，张某要求公司支付其未签订书面劳动合同期间的双倍工资差额。由于公司确实未与张某签订书面劳动合同，法院在审理后判决支持张某的请求，裁定电子科技公司需支付张某从入职之日起至提出要求之日（最多11个月）的双倍工资差额。

这一判决为公司带来了不小的经济损失，同时也给公司的人力资源管理敲响了警钟，促使其实行更为严格和规范的劳动合同管理措施，以避免类似问题再次发生。

> **补签劳动合同的法律效力**
>
> 周某于 2020 年 3 月加入一家制造企业,同样由于管理疏忽,企业未在规定时间内与周某签订书面劳动合同。然而,在周某工作六个月后,企业意识到了这一问题,并与周某协商补签了劳动合同,合同期限回溯至周某的实际入职日期。
>
> 不久后,由于经济调整,企业决定裁员,周某也在其中。周某随即提出,由于之前的合同未签订,要求企业支付未签订书面劳动合同的双倍工资差额。不过,根据《中华人民共和国劳动合同法》的相关规定,由于补签合同是双方真实的意思表示,不存在欺诈、胁迫等非法情形,仲裁机构最终驳回了周某的请求。
>
> 这一案例显示了补签劳动合同在法律上的有效性,同时也强调了在用工过程中及时签订或补签书面劳动合同的重要性,以保护双方的合法权益,避免不必要的法律纠纷。

二、工资与福利风险

在国内的商业环境中,企业在工资支付、加班费计算、社会保险和公积金缴纳等方面的合规性是企业运营的重要组成部分(如图 6-2 所示)。如果处理不当,这些看似简单的日常操作可能成为企业面临的重大风险。

1. 工资支付与加班费

首先,工资支付是员工最为关心的问题之一。根据国家法律规定,企业必须按时足额支付员工工资。若企业延迟支付或拖欠工资,不仅会面临法律上的处罚,还可能遭到员工的集体诉讼,这对企业的财务和声誉都会带来不小的影响。

加班费的计算也是一个需要特别注意的领域。不正确的加班费计算方法会让企业付出额外的成本,还可能引起员工不满和法律纠纷。根据相关劳动法规,加班费的计算标准通常为:工作日加班应支付不低于工

图6-2 工资与福利风险的三个方面

资的150%的加班费；休息日加班且不能安排补休的，应支付不低于工资的200%的加班费；法定节假日加班，则应支付不低于工资的300%的加班费。企业必须严格遵守这一标准，确保加班费的准确计算和及时发放。

2. 社保缴纳

此外，社会保险和公积金的缴纳问题也是企业不可忽视的风险点。不为员工缴纳社保和公积金，或者缴纳不足，都会被视为违法行为，不仅会受到行政处罚，还可能影响企业的信誉和员工满意度。怎样才算足额缴纳社保和公积金呢？社保和公积金的缴纳通常基于员工的工资基数和规定的比例。社保包括养老保险、医疗保险、失业保险、工伤保险和生育保险，而公积金则是用于住房的储蓄。企业需按照当地规定的比率和员工的实际工资来缴纳这些费用。例如，如果当地规定养老保险的缴纳比例为公司部分20%，员工部分8%，则企业必须按照规定的比例和员工工资基数来缴纳。

如果企业不足额缴纳社保和公积金，将会面临哪些具体问题呢？不足额缴纳社保和公积金可能导致企业面临行政处罚，如罚款和追缴滞纳金。长期不足额缴纳还可能影响员工的未来福利，如养老金的领取和医疗保障，进而导致员工对企业的信任度下降，影响企业文化和声誉。此外，不足额缴纳社保和公积金的行为可能会被视为违法行为，严重时还可能涉及刑事责任。

3. 福利分配

不公平的工资结构和福利待遇也是一个潜在的风险点。如果员工认为企业的工资和福利分配不公，可能会影响其工作积极性，甚至导致内部矛盾和冲突。在信息高度透明的今天，不良的内部消息很容易传播，这可能会对企业的外部形象和吸引力造成长期的损害。

因此，企业在处理工资支付与福利问题时，需要像处理一场高风险的赌局一样小心谨慎。通过建立合理的薪酬福利体系、严格遵守法律法规、及时准确支付工资和加班费，以及为员工足额缴纳社会保险和公积金等措施，企业才能够有效地降低这些用工风险，维护员工权益，同时也保护企业自身的合法权益和声誉。这不仅有助于提升员工士气，还能够为企业赢得良好的社会形象和更多的商业机会。

李某在一家知名的中型汽车零部件制造企业担任技术员，因其专业技能强和工作勤奋，连续三年被评为优秀员工。然而，李某最近在查看自己的社保账户时惊讶地发现，公司为他缴纳的社保金额明显低于按照法定标准应缴纳的数额。

深感疑惑和不满的李某找到了人力资源部门的张经理，希望能够得到一个合理的解释。张经理无奈地解释说，由于近期汽车行业整体不景气，公司的订单大幅减少，为了维持运营，公司不得不采取降低员工社保缴纳基数的措施以减少开支。李某认为这种做法不仅侵犯了他的合法权益，也使他的未来充满了风险，因为社保关系到他未来的养老和医疗保障。

> 李某坚定地要求公司补缴社保费用,并表示愿意提供相关证据支持自己的诉求。然而,公司出于财务压力,仍然拒绝了李某的要求。感到不公平的李某决定不再沉默,他搜集了自己的工资单、社保缴纳记录和同事的类似情况作为证据,向当地劳动仲裁委员会申请了仲裁。在劳动仲裁过程中,李某详细陈述了自己的遭遇,并强调了社保对员工未来生活的重要性。最终,劳动仲裁委员会裁定公司必须补缴李某及类似情况员工的社保费用,并对公司进行了罚款。

三、员工健康与安全风险

企业有责任确保员工的工作环境安全,预防职业病和工伤事故。这不仅是对企业法律意识的考验,更是对其社会责任感的挑战。若企业未能提供适当的劳动保护措施或未能严格遵守安全生产法规,一旦发生工伤事故,后果将是严重的(如图6-3所示)。

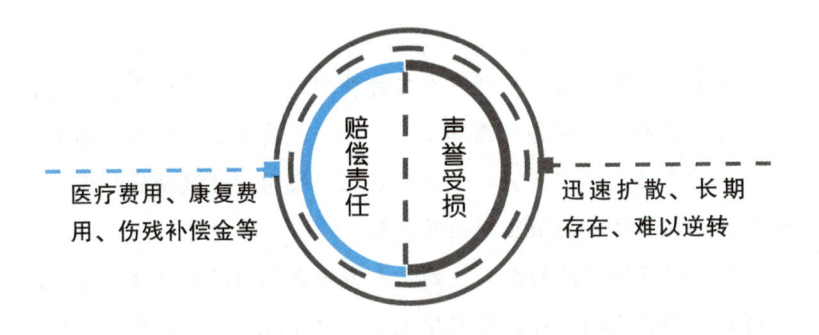

图6-3 工伤事故的两方面严重后果

工伤事故的发生可能导致企业面临巨额的赔偿责任。这包括但不限于医疗费用、康复费用、伤残补偿金等。这些经济负担可能会对企业的财务状况造成重大冲击,甚至影响企业的正常运营。

更为重要的是,工伤事故会严重损害企业的声誉。在信息传播迅速的今天,一旦企业因忽视员工健康与安全而酿成事故,负面消息会迅速扩散,导致企业形象受损,客户信任度下降。这种声誉上的损害往往是长期且难以逆转的。

企业需通过建立完善的安全生产体系、提供充足的劳动保护用品、定期开展安全培训、及时维护设备等措施,有效地降低安全事故的发生概率。

小张刚出社会参加工作时,入职了一家建筑公司,他满怀憧憬地来到了他的第一个工地。这个工地繁忙而嘈杂,到处都是忙碌的工人和来往的车辆。小张被分配到了一个需要高空作业的任务,他年轻的心充满了激动,但也有些许紧张。

然而,随着工作的进行,小张逐渐发现了一些问题。首先,他注意到工地上虽然堆放着一些安全帽和安全网,但很多设备看起来陈旧且维护不善。小张心里嘀咕:这些设备真的能保证他的安全吗?他的疑虑很快就得到了验证。在一次高空作业中,由于安全带的扣环松动,小张差点从脚手架上摔下来,幸好他及时抓住了旁边的支撑杆,才避免了一场悲剧。

这次事件让小张心有余悸,他开始更加留意工地上的安全问题。他发现不仅安全设备存在问题,工地的管理体系也混乱不堪。工人们往往为了赶工期而忽视安全培训,而且工地上缺乏有效的安全监督和应急预案。小张记得有一次,一名工人在操作电锯时不慎割伤了手指,整个工地陷入了一片混乱,大家手忙脚乱地寻找急救箱,却发现里面的物品早已过期。

面对这些潜在的健康和安全风险,小张感到了前所未有的压力。他开始怀疑,自己是否选择错了工作。每次登上高处,他的心跳都会加速,不仅是因为高空的恐惧,更是因为对安全的担忧。他试图向管理层反映这些问题,希望能改善工地的安全状况,但得到的往往是冷漠的回应或是敷衍的承诺。

随着时间的推移,小张的心情越来越沉重。他看到太多的工友因为安全问题而受伤,甚至有人因此失去了生命。他开始质疑,难道为了完成工作,就可以不顾工人的生命安全吗?他的良知和责任感让他无法继续保持沉默。

终于,小张决定站出来,为自己的权益和工友们的安全发声。他收集了证据,向有关部门举报了工地的安全隐患,并寻求媒体的帮助。这一举动引起了社会的广泛关注,也促使公司不得不正视这一问题。

遗憾的是,小张因此失去了工作,但他却获得了工友们的尊敬和社会的认可。他用自己的行动证明了,安全不是小事,每个人都应该为之发声,为之努力。而这一切,都源于小张对安全的重视和对生命的尊重。

四、歧视与骚扰风险

工作场所应该有一个公平、尊重和安全的环境,然而,如果企业未能有效预防和处理工作场所中的歧视和骚扰行为,就可能引发一系列的问题。歧视和骚扰就像是一颗颗隐形的地雷,不仅会伤害到个体,还可能引发整个团队的不和谐。这些行为包括性别、年龄、种族、宗教等多种形式的歧视和骚扰,每一种都可能成为引爆的导火索。

在我国,《中华人民共和国劳动法》《中华人民共和国就业促进法》等法律法规明确规定了禁止在工作场所进行任何形式的歧视和骚扰。同时,《中华人民共和国妇女权益保障法》也规定了禁止对女性进行性别歧视。此外,根据《中华人民共和国民法典》的规定,受到骚扰或歧视的员工可以要求侵权人承担相应的民事责任。

因此，企业在建立规章制度时，应当明确禁止任何形式的歧视和骚扰，同时提供培训，让员工了解如何识别和防止这些不当行为。企业还应该建立有效的投诉机制，让员工在遇到问题时能够及时寻求帮助，确保每一个声音都能被听到和重视（如图6-4所示）。

图6-4 防止歧视与骚扰的三个措施

五、知识产权与商业秘密风险

在当今竞争激烈的商业环境中，知识产权和商业秘密是企业宝贵的资产。然而，在招聘和雇用员工的过程中，企业却可能面临知识产权被侵权和商业秘密泄露的风险。这些风险就像是潜在的暗流，随时可能威胁到企业的核心竞争力。

员工可能无意中或有意地泄露企业的敏感信息，这就好比是打开了潘多拉的盒子，一旦信息被泄露，就可能给企业带来无法估量的损失。更严重的是，有些员工可能会用企业的知识产权为个人牟利，这就像是在企业的内部埋下了一颗定时炸弹，一旦爆炸，后果不堪设想。

为了防范这些风险，企业必须像守护宝藏一样守护自己的知识产权和商业秘密。在我国，《中华人民共和国著作权法》《中华人民共和国专利法》等法律法规为企业的知识产权提供了保护。同时，《中华人民共和国反不正当竞争法》也明确规定了禁止侵犯商业秘密的行为。

因此，企业在招聘员工时，应该与员工签订保密协议，明确约定不得泄露企业的商业秘密和知识产权。同时，企业还应该加强内部管理，限制对敏感信息的访问权限，确保只有授权人员才能接触到这些信息。此外，企业还可以通过培训来提高员工的知识产权保护意识，让他们认识到保护知识产权的重要性。

通过这些措施，企业可以最大限度地降低知识产权侵权和商业秘密泄露的风险，保护自己的核心资产。同时，遵守相关法律法规，也是企业作为社会责任的一部分，是维护公平竞争环境不可或缺的重要环节。

第二节　识别方法：明亮的探照灯

上海一家科技公司在快速扩张过程中，因用工不规范，经历了多起劳动纠纷。公司在劳动合同签订、工资支付、工时制度等方面存在诸多问题，导致员工频繁申请劳动仲裁甚至起诉，给公司带来了巨大的法律风险和经济损失。

例如，公司未及时与员工签订书面劳动合同，导致多名员工联合将公司告上法庭，要求支付双倍工资，法院依法判决公司支付员工11个月双倍工资差额的赔偿；公司未及时为员工缴纳社保，一名员工在工作期间发生工伤事故，法院因此判决公司支付员工高额的医疗相关费用，并支付经济补偿金；受到前几起纠纷的影响，多名对公司加班文化颇有异议的员工就公司未按规定支付加班费一事申请劳动仲裁，要求公司按规定支付加班费……

面对这一系列的纠纷，公司老总傻了眼，他立刻召开高层会议，商讨解决对策……会议中，他们一致认为，在解决了以上几个事件后，公司需第一时间建立企业用工风险识别手段，只有这样，才能防患于未然。

以上案例中公司的遭遇不是个案，在现实中，无数的公司面对着相似的问题。如何提前识别这些问题，避免潜在的法律纠纷和经济损失，是企业管理中的一项重要任务。接下来,我们将详细介绍用工风险识别的方法,这些方法就像一盏盏明亮的探照灯,帮助企业在人力资源管理的复杂环境中,发现并预防可能的风险。

一、合规性审查

合规性审查就像是对企业用工行为的一次全面体检,它涵盖了劳动合同的签订、工资支付、工时制度、休息休假安排以及社会保险和公积金的缴纳等各个方面。这些方面都是构成企业用工大厦的基石,缺一不可(如图6-5所示)。

图6-5 需要合规性审查的四个主要方面

首先,劳动合同的签订是确立劳动关系的基础。根据《中华人民共和国劳动合同法》,企业必须与员工签订书面劳动合同,并明确双方的权利和义务。如果忽视这一点,就在用工关系中埋下了隐患,一旦出现问题,就可能引发法律纠纷。

其次,工资支付也是员工最为关心的问题。根据《中华人民共和国劳动法》,企业必须按时足额支付员工工资,并支付加班费。如果工资支付不规范,就像给员工的承诺打了折扣,可能引发员工的不满和投诉。

再次,工时制度和休息休假安排也关系到员工的身心健康。根据相关法律规定,企业应合理安排员工的工作时间和休息休假,确保员工的身心健康。如果处理不当，让员工长时间超负荷工作，不仅会影响他们的工作效率，还可能引发健康问题。

最后，社会保险和公积金的缴纳则是企业的责任和义务。根据《中华人民共和国社会保险法》和《住房公积金管理条例》，企业必须为员工缴纳社会保险和公积金。如果忽视这一点，就像是让员工在风雨中无依无靠，一旦出现问题，就可能引发法律纠纷。

二、风险评估体系

风险评估体系的建立，就像为企业搭建一座坚实的灯塔，它能够通过定量和定性的分析方法，帮助企业在用工过程中识别潜在的风险。这些风险就像隐藏在海面下的暗礁，如果不及时识别并采取措施，就可能对企业造成损害。

为了实现这一目标，企业可以采用风险矩阵、SWOT分析（优势、劣势、机会、威胁）或故障树分析等工具。这些工具就像企业手中的望远镜，能够帮助企业更加清晰地看到风险的存在和可能的影响。

风险矩阵可以帮助企业将用工风险按照可能性和影响程度进行分类，从而确定哪些风险需要优先关注。这就像对企业用工风险进行一次全面的梳理和排序，确保企业能够将有限的资源投入到最重要的风险上。

SWOT分析可以帮助企业识别自身的优势、劣势、机会和威胁。通过这种分析，企业可以更好地了解自身的用工状况，从而制订更加合理的用工策略。这就像对企业用工状况进行一次全面的检查，确保企业能够充分发挥自身优势，弥补劣势，抓住机会，应对威胁。

故障树分析可以帮助企业追溯用工风险的根本原因，从而采取针对性的应对措施。这就像对企业用工风险进行一次深入的剖析，确保企业能够从根本上解决问题，避免风险的再次发生。

三、案例学习和模拟演练

在当今复杂多变的商业环境中，企业的用工管理如同航行在大海中的船只，需要面对各种风浪和未知的挑战。为了确保航行的平稳与安全，企业必须像船长一样，具备敏锐的洞察力和果断的决策力。而这种能力，是可以通过学习其他企业的用工管理经验，特别是那些失败案例的教训，以及进行风险管理的模拟演练来锻炼出来的。

企业可以组织这样的一次模拟演练。在这个演练中，人力资源管理人员和高层管理者被分成不同的小组，每个小组都要面对一个虚拟的用工管理危机，比如员工集体罢工、突发的劳动纠纷等。他们需要迅速分析情况，制订应对策略，并实施解决方案。这个过程就像在暴风雨来临前，船员们紧张地调整帆篷，稳固船体，以确保船只能够安然渡过难关。

通过这样的模拟演练，企业可以发现当前用工管理中的不足之处，就像船长在航行中发现船体的漏洞一样，及时修补，确保未来的航行更加稳健。同时，这种演练还能够提高员工的风险意识和应急能力，使得整个团队在面对真实的突发事件时，能够保持冷静，迅速有效地做出反应。

四、法律顾问团队

当企业依靠自身内部的力量无法准确及时识别用工风险时，企业还可以转向外部，寻求专业的帮助——让专业的法律顾问团队提供方案。

专业的法律顾问团队就像是企业的指南针，他们具备丰富的法律知识和实践经验，能够为企业提供实时的法律咨询和支持。他们不仅能够帮助企业识别潜在的法律风险，还能够帮助企业制订合适的用工策略，确保企业的用工行为合法合规（如图6-6所示）。

法律顾问团队可以帮助企业及时了解最新的劳动法律法规。就像为企业打开一扇通向法律世界的大门，让企业能够随时了解法律法规的变化，从而及时调整用工行为，避免因不了解或误解法律而引发的风险。

法律顾问团队还可以为企业提供针对性的法律建议。他们可以根据企业的实际情况，为企业制订合适的劳动合同、工时制度、休息休假安排以及社会保险和公积金的缴纳等方案。就像为企业量身定制一套法律防护罩，确保企业的用工行为合法合规。

第六章 用工风险迷雾：识别与导航　99

01　帮助企业了解最新的劳动法规

02　为企业提供针对性的法律建议

03　代表企业处理与员工的劳动争议

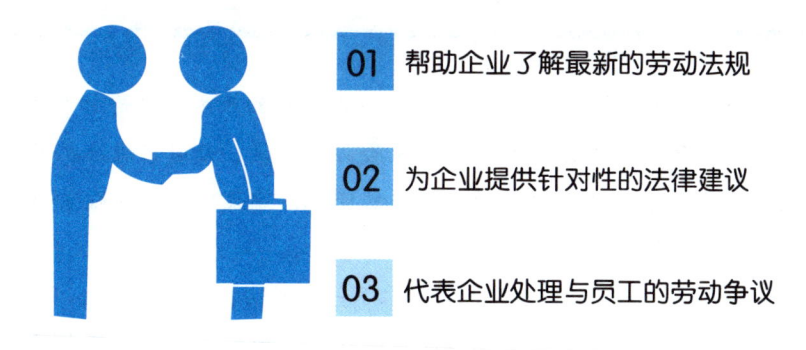

图 6-6　法律顾问团队的三个重要作用

法律顾问团队还可以代表企业处理与员工的劳动争议。他们可以作为企业的法律代表，与员工进行沟通和协商，寻求双方满意的解决方案。这就像是为企业和员工搭建一座沟通的桥梁，有助于维护良好的劳动关系，减少劳动争议的发生。

前瞻与应对——L 地产用工风险管理的实践

L 地产作为中国顶尖的房地产开发企业，自 1992 年成立以来，一直是行业内的重要参与者。以其在大型综合体开发和建筑施工领域的卓越能力，L 地产在中国乃至全球市场中拥有广泛的业务。然而，随着公司业务的迅速扩张，特别是在 2021 年，L 地产面临着复杂多变的用工环境和劳动法规的挑战。

具体问题首次被广泛关注是在《中国劳动保障报》的一篇详细报道中。报道指出，L 地产的一些项目由于用工管理不规范，如劳动合同签订不规范、工资支付延迟、加班费计算不准确等，引发了多起劳动争议。这些问题不仅影响了公司的正常运营，也对公司的品牌形象造成了一定的负面影响。

经过深入分析，L地产认识到，这些问题的产生主要是由于缺乏系统的风险识别方法和有效的风险防控机制。公司在快速扩张的过程中，未能及时适应劳动法规的变化，导致内部管理政策与法律法规脱节。

为了应对这些挑战，L地产采取了一系列切实可行的措施。一方面，公司建立了一套用工风险评估体系，通过定期的审查和风险评估，全面监控用工管理过程中可能存在的问题。这一系统不仅包括了劳动合同的规范性检查，还涵盖了工资支付、加班管理等多个方面。

另一方面，L地产加强了对劳动法规的学习和培训。公司组织了多次法律法规学习研讨会，确保管理层和员工都能充分理解并遵守最新的劳动法规要求。这些培训特别强调了对于新法规的解读和应用，以便公司能够迅速适应法律环境的变化。

此外，L地产还引入了第三方专业机构进行用工风险审计。通过外部专家的客观审视，公司能够更准确地发现潜在的用工风险，并采取措施进行整改。同时，L地产还建立了一个快速响应机制，一旦发现用工风险，相关部门能够迅速集结，制订并执行整改计划。

根据L地产在2021年底发布的年度报告，通过这些改进措施，公司成功降低了用工风险，减少了劳动争议案件的数量。更重要的是，这些措施帮助L地产重建了良好的用工环境，提升了员工的满意度和归属感，为公司的持续健康发展奠定了坚实的基础。

L地产的案例为所有企业提供了重要的启示：在快速变化的市场和法律环境中，企业必须建立系统的风险识别和评估机制，及时适应劳动法规的变化，加强内部管理，以预防和控制用工风险。通过这些措施，企业不仅能够避免潜在的法律风险，还能够提升自身的竞争力和市场地位。

第七章

劳动合同护航：风险与稳定

第一节　签订、变更与解除：波涛中的舵手

> 2022年，据一些媒体报道，上海一家处于快速发展过程中的知名科技公司因劳动合同签订、变更与解除过程中的操作不当，引发了一系列的劳动争议。
>
> 事件起因于公司在员工入职时，由于人力资源管理的疏忽，未能及时与员工签订书面劳动合同，部分员工工作数月后仍未有正式合同。此外，公司在业务调整时，单方面变更了部分员工的工作岗位和薪酬结构，但未与员工进行有效沟通和协商。在解除劳动合同时，公司未能依法支付经济补偿，引发了员工的集体诉讼。
>
> 由于上述问题，公司面临高额的经济赔偿和声誉损失。员工通过法律途径维权，要求公司支付未签劳动合同的双倍工资差额、违法变更劳动合同的赔偿以及解除劳动合同的经济补偿。
>
> 法院审理后判决公司败诉，要求公司依法支付员工相应的赔偿金。此案在业界引起了广泛关注，成为企业用工合规的典型案例。

在人力资源管理的海域中，企业如同舵手，需要精准地操控船只，避免因操作不当引发劳动争议的风浪。接下来，我们将深入探讨如何在劳动合同的各个阶段，如签订、变更与解除等，做到既符合法律要求，又维护员工权益。

我们将分析如何建立健全的劳动合同管理制度，提高人力资源管理的专业性和规范性，确保企业在处理劳动关系时，能够像经验丰富的舵手一样，巧妙地驾驭波涛，引领企业安全、合规地航行在人力资源管理的广阔海域。通过这些策略和措施，企业将能够有效地预防和解决劳动争议，保障企业的稳定发展和员工的合法权益（如图7-1所示）。

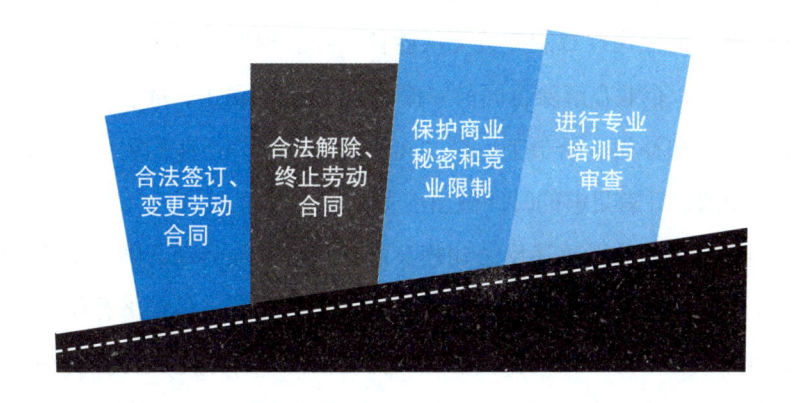

图7-1 劳动合同管理的四项策略

一、合法签订、变更劳动合同

当企业与员工建立劳动关系时，必须签订书面劳动合同，且要在员工入职一个月内完成。这份合同就像双方的"婚姻证书"，确保彼此的权益得到法律保护。

劳动合同中应该明确列出工作内容、工作地点、工作时间、休息休假、劳动报酬、社会保险、劳动保护、工作条件等必备条款。这些条款就像是双方的"生活手册"，让员工清楚地知道自己的工作职责和权益。

同时，企业要确保合同内容符合《中华人民共和国劳动合同法》及其他相关法律法规的要求，不得包含违法或不公平条款。这是双方的"法律底线"，确保合同的合法性和公平性。

如果需要变更劳动合同,必须双方协商一致,并且采用书面形式进行。

这是双方的"协议书",确保变更过程的透明和公正。

变更内容可能涉及岗位调整、工资变动、工作地点变化等,但变更后的内容应符合法律法规,保障员工权益。这是双方的"权益保障书",确保员工的权益不受影响。

二、合法解除、终止劳动合同

当企业需要解除劳动合同时,必须确保符合法律规定的情况,比如员工严重违反公司规章制度或无法胜任工作。根据《中华人民共和国劳动合同法》,企业在解除合同前应提前30天通知员工,或者支付一个月工资作为通知补偿。给员工一个"离职通知书",让他们明白自己即将离开的原因,并有足够的时间做出准备。

如果员工因为严重违反公司规章制度而被解除劳动合同,企业可以根据《中华人民共和国劳动合同法》的规定,无需支付经济补偿。但如果是因为员工不能胜任工作,企业则需要按照法律规定支付经济补偿。给员工一个"经济补偿包裹",确保他们离开时得到应有的回报。

在某些情况下,劳动合同会自然终止,比如合同期满、企业解散、员工退休等。根据《中华人民共和国劳动合同法》,在合同期满终止时,企业应提前30天通知员工,或者支付一个月工资作为通知补偿。给员工一个"离职证明",让他们顺利地结束这段劳动关系。

当然,不管是什么原因导致劳动合同的解除或终止,企业都应遵循《中华人民共和国劳动合同法》的规定,确保解除或终止的合法性。同时,企业还应与员工协商处理好离职手续,包括工资支付、社会保险转移等事宜。给员工一个"离职指南",确保他们离开时不会迷茫和困惑。通过这样的方式,企业可以更好地维护员工的权益,促进和谐劳动关系的发展。

三、保护商业秘密和竞业限制

企业与员工签订合同时,可以约定保密协议和竞业限制,以保护企业的商业秘密和竞争优势。给企业的核心信息加上一把锁，确保其不被泄露或滥用。

竞业限制应在合理范围内，并在解除或终止合同后给予员工相应的经济补偿。给员工一个"离职大礼包"，既保护了企业的权益，也照顾到了员工的福利。

同时，企业应将签订的劳动合同向当地劳动行政部门备案，确保合同的法律效力。给劳动合同加了一把法律的"保护伞"，让双方的权益都有法律保障。通过这样的方式，企业可以更好地维护自己的商业秘密和竞争优势，同时也确保员工的权益得到合理保护。

四、进行专业培训与审查

在我国，对人力资源管理人员进行专业培训是至关重要的。通过提高他们在劳动合同管理方面的专业能力，可以减少企业的劳动关系争议问题，确保其健康稳定发展。

在签订、变更、解除劳动合同的过程中，企业应与员工保持充分沟通，通过协商解决可能出现的分歧。双方应该坐下来进行一场真诚的对话，让彼此的需求和诉求都能得到尊重和满足。

同时，企业可以聘请法律顾问参与劳动合同的审查和管理，确保合同的合法性和企业的合规性。请来一位法律专家坐镇，可以让企业在处理劳动关系时更加得心应手，避免不必要的法律风险。通过这样的方式，企业可以更好地维护劳动关系的和谐稳定，促进企业的健康发展。

规范与和谐——M科技劳动合同签订、变更与解除的实践

M科技成立于2003年，是一家专注于智能手机和消费电子产品的创新型企业。随着公司业务的不断扩展和员工队伍的壮大，M科技在劳动合同管理方面面临着不小的挑战。2022年，由于劳动合同签订、变更与解除过程中的不规范操作，魅族遭遇了一系列劳动争议，这些争议不仅影响了公司的内部和谐，也对公司的外部声誉造成了一定的影响。

具体问题浮出水面是在几次员工投诉和诉讼中。一些员工反映，他们在合同签订时对某些条款的理解并不清楚，而在合同变更或解除时，又感到自己处于信息不对称的一方，缺乏足够的沟通和解释。例如，一些员工在公司进行业务调整或自己岗位变动时，并没有得到充分的预先通知和协商，这导致他们对公司的管理方式产生了不满。

经过深入分析，M科技认识到，这些问题的产生并非偶然，而是由于公司对劳动法律法规的理解不足，以及内部管理流程的不够规范。在快速成长的过程中，公司在劳动合同的管理上显得有些粗放，没有及时更新和细化合同条款，也未能建立起一个完善的沟通机制来确保员工的知情权和参与感。

为了解决这些问题，M科技采取了一系列果断措施。首先，公司对所有管理人员和人力资源部门的员工进行了全面的法律培训，特别强调了《中华人民共和国劳动合同法》的相关条款，以确保管理层对劳动法规有充分的了解和正确的应用。其次，M科技对劳动合同模板进行了全面的修订，明确了各项合同条款，尤其是工作内容、工资待遇、工作时间等关键条款，确保每一份合同都清晰、公平且易于理解。

此外，M科技还建立了劳动合同变更和解除的标准化流程，这一流程强调透明度和公正性，确保每一步操作都有明确的指引和记录。公司还设立了一个专门的员工服务部门，用来处理员工对劳动合同的各种疑问和申诉，确保员工的声音能够被听到并得到妥善处理。

> 根据M科技在其官方公告中提到的数据,通过这些改进措施,公司在2022年下半年成功降低了劳动争议案件的数量,并提升了员工满意度。更重要的是,这些措施帮助公司重建了与员工之间的信任,为持续健康的发展打下了坚实的基础。

M科技的案例为所有企业提供了重要的启示:在快速发展的同时,必须重视劳动合同的规范化管理,严格遵守劳动法律法规,并通过建立透明的沟通机制和维护员工权益的措施,来促进企业的长期稳定发展。

第二节　条款设计与审查：坚固的船体

> 2022年，某科技公司因劳动合同条款设计和审查不严，与一名离职员工发生劳动争议。该员工在离职时签订了一份包含竞业限制条款的合同，但合同中对于竞业限制补偿的计算基数存在争议。该员工主张将公司授予的限制性股票行权收益计入其离职前12个月平均工资的计算基数中，而公司则认为这部分收益属于不确定的财产性收益，不应计入。
>
> 法院经审理后认为，限制性股票行权收益与企业经营状况和股票价格密切相关，不属于用人单位定期支付的工资范畴，因此不应计入月平均工资的计算基数，判决公司仅需按协议约定的工资标准支付竞业限制补偿差额。

虽然企业最终胜诉，但此案例对企业在劳动合同条款设计和审查时的合规性提出了警示。企业在设计劳动合同条款时，必须明确、具体，避免因条款不明确或不合理而引发争议。

这个案例表明了劳动合同条款设计和检查的重要性，在接下来的内容中，我们将深入分析劳动合同中的关键条款，就像对一艘即将远航的船只进行仔细的检查和加固。每一个条款都像船体的一块板材，必须经过精心设计和严格审查，以确保它们能够承受风浪的考验。

我们将探讨如何避免设计疏漏和审查不严导致的风险，就像是确保船体没有漏洞，能够防止水分渗透。只有这样，我们才能确保劳动合同这艘船在未来的航行中稳健前行，抵御各种风险和挑战。

一、确保合同内容的合法性

企业在设计劳动合同时，必须确保所有条款符合《中华人民共和国劳动合同法》及其他相关法律法规。合法性是劳动合同有效的基础，任何违法的条款都可能导致合同无效或部分无效。根据《中华人民共和国劳动合同法》第三条规定，订立劳动合同，应当遵循合法、公平、平等自愿、协商一致、诚实信用的原则。这一原则不仅体现了法律对劳动关系的基本态度，也是企业设计劳动合同时的出发点和落脚点。

为了确保劳动合同的合法性，企业需要关注几个关键方面（如图7-2所示）。

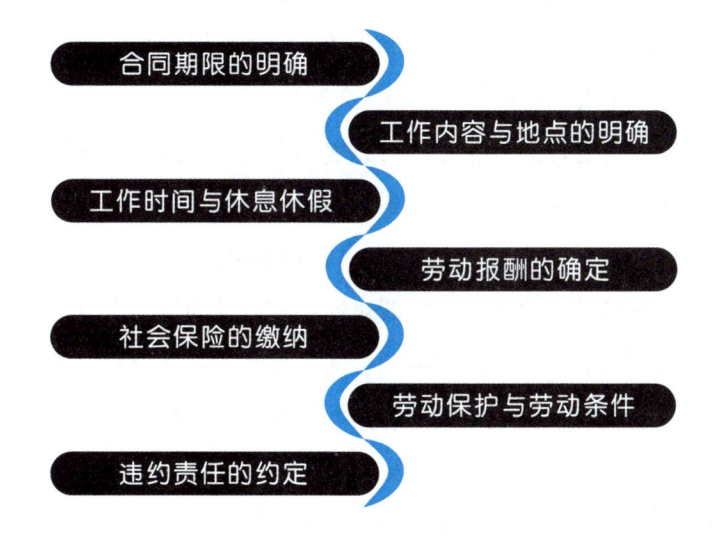

图7-2　确保劳动合同合法性的七类关键条款

合同期限的明确规定至关重要。企业应明确劳动合同的类型，是固定期限、无固定期限，还是以完成一定工作任务为期限。依据《中华人民共和国劳动合同法》第十二条，合同期限的约定应具体明确，这有助于双方明确权利与义务的时限。

工作内容与地点的明确也是必不可少的。合同中应详细列明员工的工作职责和岗位要求，以及工作地点。根据《中华人民共和国劳动合同法》第十七条，工作内容和工作地点是劳动合同的必备条款，这有助于避免未来的误解和争议。

工作时间与休息休假也是劳动合同中的重要部分。企业应遵守《中华人民共和国劳动法》第三十六条关于工作时间的规定，确保员工的休息休假权利得到保障，并在合同中明确具体的工作时间安排和休假制度。

劳动报酬的确定同样关键，合同应明确员工的工资结构、支付方式和支付周期。根据《中华人民共和国劳动合同法》等相关法规，劳动报酬不得低于当地最低工资标准，这是保障员工基本权益的法律要求。

社会保险的缴纳也是必备条款。企业应依法为员工缴纳社会保险，包括养老、医疗、失业、工伤和生育保险。《中华人民共和国社会保险法》第四条规定了用人单位和个人缴纳社会保险费的义务。

劳动保护与劳动条件也是不可忽视的方面。根据《中华人民共和国劳动法》第五十二条至第五十五条的规定，企业还应为员工提供符合国家规定的劳动安全卫生条件和必要的劳动保护措施。

违约责任的约定是维护合同严肃性和有效性的重要手段。劳动合同中应明确违约责任，包括违反劳动合同条款时的责任承担。《中华人民共和国劳动合同法》第三十九条和第九十条对违约责任有具体的规定，这有助于在发生争议时提供法律依据。

审查合同条款的完整性是企业不可或缺的责任。企业应确保合同的基本要素完备，避免因条款缺失而导致合同无效或执行困难。《中华人民共和国劳动合同法》第十四条至第三十条对劳动合同应包含的条款有详细的规定，这为企业提供了明确的指导。

二、明确规定工作职责和岗位要求

在劳动合同中明确规定工作职责和岗位要求是确保员工明确其角色和公司期望的关键步骤。这一过程不仅有助于提升工作效率和质量，还能作为进行员工绩效评估的基础。根据《中华人民共和国劳动合同法》第十七条，劳动合同应当明确员工的工作内容和岗位，这为双方提供了一个明确的工作框架。

企业应详细描述每个岗位的主要职责，包括工作任务、目标以及所承担的项目或职能。这种详细的描述有助于员工全面了解其工作范围和预期成果。同时，工作标准和考核方式的设定也是至关重要的。企业应在合同中或通过岗位说明书明确工作标准，包括工作质量、效率和时间要求，并设定公正、透明的考核方式，如定期绩效评估、目标达成情况等，确保员工了解如何被评估以及评估的标准。

劳动合同应明确列出岗位的技能要求、资格认证要求和工作经验要求等。这些具体化的要求有助于在招聘过程中准确匹配人才，并在员工发展过程中提供参考。此外，技能、资格和经验的评估标准也是不可或缺的。在员工不能胜任工作时，企业需要有一套明确的评估标准来确定员工是否符合岗位要求。这些标准应基于岗位职责和工作标准，并且在合同中有所体现。

当员工在一定期限内不能满足岗位要求时，企业可采取的措施也应在劳动合同中或通过公司规章制度明确。这可能包括培训、岗位调整或解除劳动合同等。这些措施的明确性有助于在出现问题时提供解决方案，保护企业和员工的权益。

随着企业的发展和岗位要求的变化，企业应定期更新岗位职责和要求，确保合同内容的时效性和适应性。持续更新和修订能够保持劳动合同与实际工作需求之间的一致性，促进企业的高效运营和员工的个人发展。

三、设定合理的薪酬和福利条款

企业在劳动合同中设定合理的薪酬和福利条款对于吸引和保留人才、激励员工以及遵守法律规定至关重要（如图7-3所示）。

01 行情与企业实际相结合
02 薪酬结构的多元化
03 加班工资的明确规定
04 休假期间工资支付标准
05 支付方式的透明化
06 福利待遇的合法性
07 定期审查与调整

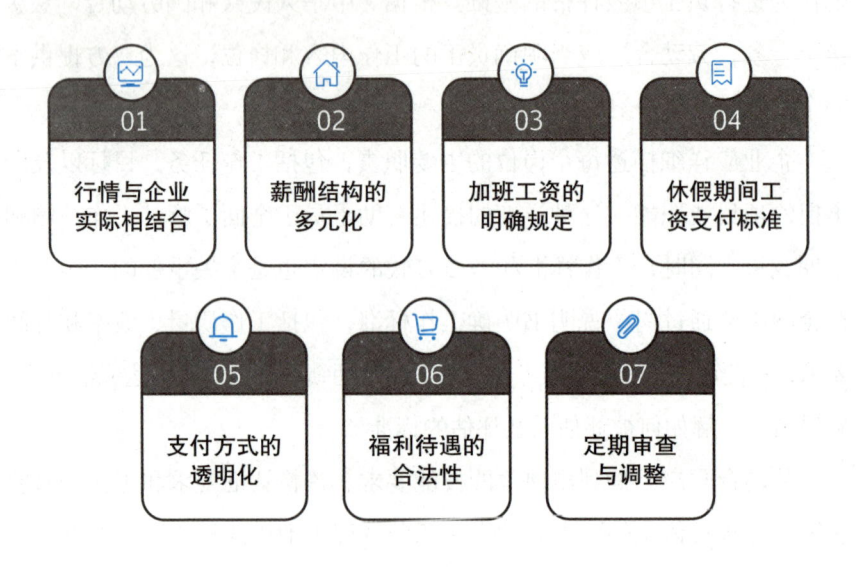

图7-3 薪酬和福利条款的七个注意事项

行情与企业实际相结合：企业应参考同行业、同地区的薪酬市场行情，并结合自身的财务状况和经济效益，合理设定员工的基本工资。根据《中华人民共和国劳动法》第五十条，工资应以货币形式按月支付给劳动者本人，不得克扣或者无故拖欠。

薪酬结构的多元化：除了基本工资外，企业还应根据员工的岗位特点和工作表现设定奖金、津贴、补贴等薪酬项目。这些薪酬组成部分可以激励员工提高工作效率和质量，同时也是对员工特定劳动条件下额外劳动消耗的补偿。

加班工资的明确规定：依据《中华人民共和国劳动法》第四十四条，企业应保证员工加班后获得相应的加班工资。合同中应明确加班工资的计算方法，通常是员工日或者小时工资基数的150%、200%或300%，具体比例根据加班时间是在工作日、休息日还是法定假日来确定。

休假期间工资支付标准：企业应根据《劳动合同法》和《职工带薪年休假条例》等相关规定，在合同中明确员工休假期间的工资支付标准。这包括病假、产假、婚假、丧假以及其他法定休假的工资支付情况。

支付方式的透明化：企业应明确薪酬的支付方式，包括支付时间、支付周期以及支付途径等，确保员工能够及时、准确地收到薪酬。根据《工资支付暂行规定》第六条，用人单位应将工资支付给劳动者本人。

福利待遇的合法性：企业应确保提供的福利待遇符合国家法律规定，如社会保险、住房公积金等。《中华人民共和国社会保险法》和《住房公积金管理条例》等相关法律法规对这些福利有明确要求。

定期审查与调整：企业应建立薪酬和福利的定期审查机制，根据企业发展情况、市场变化和员工需求进行适时调整。

四、明确工时和休息休假安排

企业的工时和休息休假安排是劳动合同中的重要内容，直接关系到员工的工作与生活平衡以及劳动权益的保障。

工时制度的选择：企业应根据实际工作性质和特点，选择适合的工时制度。《中华人民共和国劳动法》第三十六条规定，国家实行劳动者每日工作时间不超过八小时，平均每周工作时间不超过四十四小时的工时制度。企业可以选择标准工时制，确保员工每日有足够的休息时间。

特殊工时制的审批：对于综合计算工时制或不定时工时制，企业必须依照《关于企业实行不定时工作制和综合计算工时工作制的审批办法》向劳动行政部门申请审批，并严格按照审批后的工时制度执行。

休息日的规定：企业应在劳动合同中明确员工的休息日安排，包括每周的休息日天数和具体休息日。《中华人民共和国劳动法》第三十八条规定，企业应保证员工每周至少休息一天。

法定节假日的休假：企业应根据《全国年节及纪念日放假办法》规定，确保员工在法定节假日休假，包括春节、劳动节、国庆节等。

年休假的安排：根据《职工带薪年休假条例》，企业应在劳动合同中规定员工的年休假天数和休假安排方式，确保员工能够依法享受带薪年休假。

休假程序的明确：企业应设置明确的休假申请、审批流程，并在劳动合同中或通过员工手册告知员工。这包括事假、病假、婚假、产假等各类假期的申请程序和所需材料。

休假权益的保障：企业应保障员工的休假权益，不得无故剥夺或限制员工的休假权利。根据《中华人民共和国劳动法》第四十条规定，用人单位应当依法安排劳动者休假。

工时和休假的灵活性：在确保遵守法律规定的基础上，企业可以根据实际情况和员工需求，提供一定的工时和休假安排的灵活性，如弹性工作制、远程工作等。

五、加强保密和竞业禁止条款

在劳动合同中加强保密和竞业限制条款是保护企业商业秘密和维护市场公平竞争的重要手段（如图7-4所示）。

01 明确保密义务	02 明确违约责任	03 竞业限制条款的适用性	04 竞业限制的范围和期限
05 经济补偿的规定	06 竞业限制的合法性审查	07 竞业限制的违约后果	08 持续监督与执行

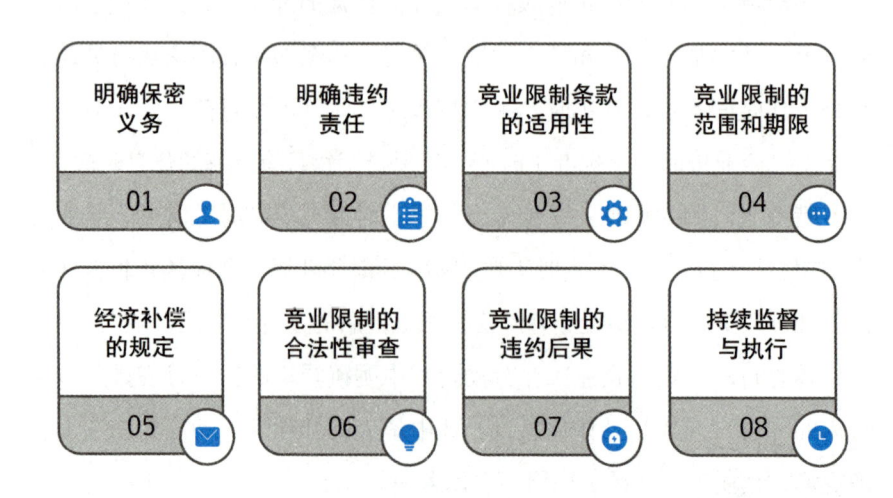

图7-4 保密和竞业限制条款的八个注意事项

明确保密义务：企业应在劳动合同中明确规定员工的保密义务，涵盖商业秘密、技术秘密、客户信息等关键内容。依据《中华人民共和国劳动合同法》第二十三条规定，用人单位与劳动者约定保守商业秘密和与知识产权相关的保密事项，劳动者应遵守约定。

明确违约责任：劳动合同中应详细说明员工违反保密义务时需承担的责任，包括经济赔偿、返还保密信息等。这有助于预防和遏制员工泄露商业秘密的行为。

竞业限制条款的适用性：对于高级管理人员、高级技术人员和其他负有保密义务的人员，企业可以依据《中华人民共和国劳动合同法》第二十四条设定竞业限制条款。

竞业限制的范围和期限：企业应明确竞业限制的地域范围、行业范围以及限制期限。条款中应具体规定员工在离职后多长时间内不得在竞争企业工作或从事竞争业务。

经济补偿的规定：若设置竞业限制条款，企业应按照《中华人民共和国劳动合同法》规定，在员工离职后按月支付竞业限制的经济补偿，补偿数额不得低于员工离职前12个月平均工资的30%。

竞业限制的合法性审查：企业在设计竞业限制条款时，应确保其合法性、合理性，避免因条款过于苛刻而影响员工的合法权益。

竞业限制的违约后果：企业应在合同中强调违反竞业限制条款的严重后果，包括法律诉讼、赔偿损失等，以起到警示和预防作用。

持续监督与执行：企业应建立有效的监督机制，确保保密和竞业限制条款得到执行，并在必要时采取法律手段维护自身权益。

六、规定合同的变更、解除和终止条件

劳动合同的变更、解除和终止条件是保障企业和员工双方权益的重要法律依据。

合同变更的条件和程序：企业应根据《中华人民共和国劳动合同法》

第三十五条规定，明确合同变更的条件，如因生产或经营需要调整员工岗位或工作内容。变更应基于双方协商一致，并通过书面形式确认变更内容。

合同变更的灵活性：在确保合法性的基础上，合同变更条款应具有一定的灵活性，以适应企业运营变化和员工职业发展的需要。变更程序应公正、透明，保障员工的知情权和参与权。

合同解除的条件：依据《中华人民共和国劳动合同法》第三十六条至第四十条的规定，企业应设定合同解除的条件，包括试用期内不符合录用条件、严重违反企业规章制度、严重失职等情形。

经济性裁员的规定：在经济性裁员的情况下，企业应遵循《中华人民共和国劳动合同法》第四十一条的规定，明确裁员的程序、条件和优先留用原则，并依法支付经济补偿。

合同终止的条件：根据《中华人民共和国劳动合同法》第四十四条，企业应明确合同终止的条件，如合同期满、企业破产、员工退休等，并规定终止前的提前通知期。

经济补偿或赔偿的规定：依据《中华人民共和国劳动合同法》第四十六条和第四十七条，企业在解除或终止合同时，应根据法定情形支付经济补偿。若企业违法解除合同，应依法支付赔偿金。

解除或终止的程序：企业应设置明确的解除或终止程序，包括通知方式、工作交接、工资结算等，确保程序的合法性和合理性。

保护特定群体的权益：对于孕期、产期、哺乳期的女员工，以及患病或非因工负伤在医疗期内的员工，企业在解除或终止合同时应遵循《中华人民共和国劳动合同法》第四十二条的特别保护规定。

争议解决机制：合同中应包含争议解决条款，明确双方在合同变更、解除或终止过程中发生争议时的解决途径，包括协商、调解、仲裁或诉讼等。

七、设立违约责任条款

违约责任条款是劳动合同中对违反合同义务所需承担后果的明确规定，对于维护双方权益、预防违约行为具有重要意义。

违约责任的界定：劳动合同可以设定违约责任条款，明确员工和企业违反合同条款时需承担的责任。这包括但不限于违反服务期约定、违反保守商业秘密的约定等。

违约金的设定：企业可以在合同中规定，当员工违反劳动合同中特定条款时，如未经批准擅自离职或违反竞业限制约定，需支付一定数额的违约金。违约金的数额应合理，既能起到威慑作用，又不能因过高而失去实际执行力。

赔偿金的计算：若员工的违约行为给企业造成实际损失，企业可要求员工支付赔偿金。赔偿金的计算应基于实际损失，包括直接损失和间接损失。

违约责任的公平性：在设定违约责任时，企业应确保条款的公平性，避免对员工施加不合理的负担。同时，企业自身也应遵守合同约定，否则同样需承担违约责任。

违约责任的具体化：合同中应具体列明哪些行为构成违约，以及相应的违约责任。这不仅包括员工的违约行为，也包括企业可能的违约情形，如未按时支付工资或提供劳动条件等。

违约责任的法律后果：违约责任条款应明确违约行为的法律后果，包括但不限于违约金的支付、赔偿金的计算方式、违约行为的纠正等。

违约责任与合同解除的关联：违约责任条款应与合同解除条款相衔接，明确在违约情况下合同解除的条件和程序。

违约责任的可执行性：企业在设定违约责任时，应考虑其可执行性，确保违约责任的设定能够得到法律的支持和认可。

八、审查合同的表达和格式

合同的表达和格式对于确保其法律效力和双方理解至关重要。合同文本应使用清晰、准确的语言，避免模糊不清的表述，确保每一项条款都表达得具体明确。同时，合同内容应逻辑严谨，各条款之间关系明确，避免逻辑矛盾或冲突，这有助于减少合同执行过程中的争议。在合同起草过程中，应特别注意避免可能引起不同理解的措辞，确保每个术语、表述都有唯一确定的含义。具体可以参考以下几个关键点（如图7-5所示）。

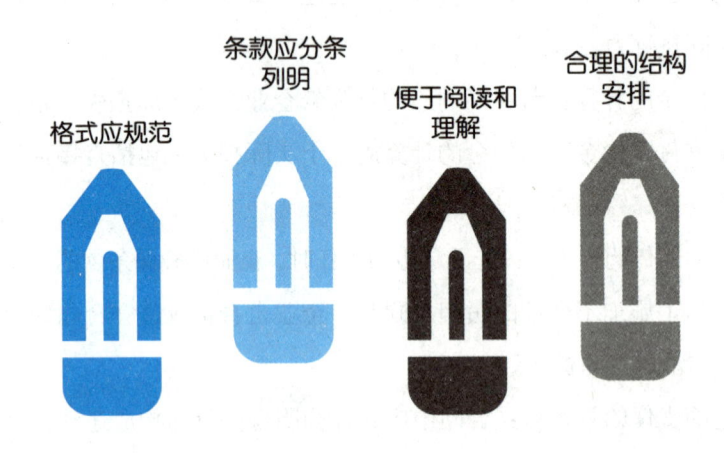

图 7-5　合同表达和格式的四个关键点

合同格式应规范，包括页边距、字体、字号、行间距等，以符合《中华人民共和国合同法》对书面合同形式的要求。

合同条款应分条列明，各条款编号清晰，内容分层明确，便于查阅和引用。

合同应便于阅读和理解，尽量避免过度使用法律术语或复杂的句式结构，确保非法律专业人士也能较好地理解合同内容。

合同应有合理的结构安排，通常包括序言、定义、主体条款、违约责任、争议解决、附则等部分。

在合同定稿前，应进行可读性审查，检查语言是否流畅，格式是否统一，是否存在错别字或语法错误。最好由专业法律顾问对合同的表达和格式进行审查，确保合同的专业性、合法性和有效性。通过严格的合同审查，企业可以确保合同的法律效力，减少因合同条款不清或格式问题引发的争议，为双方提供明确的权利义务指引。这不仅有助于维护企业的合法权益，也有助于构建和谐的劳动关系。

九、获取专业法律意见

在劳动合同的设计和审查过程中，获取专业法律意见是确保合同合法性和有效性的关键步骤。企业应主动咨询法律顾问或专业律师，这些专业人士能够提供专业的法律意见，帮助企业避免违法条款的设置，并根据现行的《中华人民共和国劳动法》《中华人民共和国劳动合同法》以及其他相关法律法规，对合同条款进行审查，确保合同的每一项内容都符合法律规定。

专业律师将帮助企业确保合同的表述清晰、条款合理，避免因合同无效或可撤销的情况给企业带来风险。专业律师可以对合同中可能存在的法律风险进行评估，并提出预防措施或解决方案。根据企业的具体情况和需求，专业律师可以提供定制化的合同设计建议，以满足企业的特定要求。专业法律人士会细致审查合同的每个条款，包括但不限于合同期限、工作内容、薪酬福利、工作时间、休息休假、保密协议、竞业限制等，确保合同使用规范的语言，避免因语言模糊或不准确造成法律歧义。

在合同执行过程中，企业可能会遇到各种法律问题，专业律师可以提供持续的法律支持和咨询。除了审查合同，法律顾问还可以为企业的人力资源管理人员提供法律培训，提高他们在劳动合同管理方面的专业能力。同时，法律顾问将帮助企业及时应对法律法规的变化，确保合同内容始终与时俱进。通过获取专业法律意见，企业可以在劳动合同管理中做到合规、高效，同时减少因合同问题引发的劳动争议和法律风险，为企业的稳定发展提供坚实的法律保障。

细节决定成败——L日化劳动合同条款设计与审查的教训

L日化作为国内领先的日化产品生产企业，自2008年成立以来，迅速崛起并占据了国内市场的重要位置。以其清洁用品、护理用品等系列产品，L日化深入千家万户，享有极高的品牌知名度和市场份额。然而，在2019年，随着公司的快速扩张，L日化在劳动合同管理方面遭遇了前所未有的挑战，这一挑战主要源于劳动合同条款的设计与审查不严，导致了多起劳动争议事件的发生。

具体问题首次被曝光是在一次地方劳动监察局的例行检查中。监察人员发现，L日化所使用的劳动合同模板中存在多个不符合《中华人民共和国劳动合同法》规定的条款，例如工作职责的描述模糊不清，工资结构设置不合理，以及缺少关于工时与休息权益的明确规定。这些不规范的合同条款成了员工不满和争议的源头，严重影响了企业的劳动关系和谐和社会稳定。

这些问题的背后，是公司在劳动合同条款设计过程中的一系列疏忽。L日化在快速发展的过程中，未能及时更新和调整劳动合同内容，以适应不断变化的法律法规要求。此外，公司在合同条款设计上缺乏细致考量，没有充分从员工的角度考虑其合法权益，也未能有效预见和防范潜在的法律风险。

面对检查结果和员工的诉求，L日化管理层迅速做出反应，采取了一系列措施以修订和完善劳动合同。公司首先成立了一个由高级管理人员、人力资源部门人员和法律顾问组成的专项工作组，负责对现有劳动合同进行全面审查和重新设计。这个团队的工作重点是确保每项合同条款都严格遵守《中华人民共和国劳动合同法》的规定，同时更加贴近实际工作情况，公正合理地界定员工的权利与义务。

为了提高内部管理层在劳动合同管理方面的专业能力，L日化还特别加强了对人力资源部门及相关管理人员的法律培训。公司邀请了多位劳动法规专家和资深律师举办讲座和工作坊，使管理人员对劳动合同法规有更深入的理解和掌握。

根据公开报道，L日化在2019年下半年的财务报告中提及，通过这些措施，公司已成功解决了所有挂起的劳动争议案件，并与员工重新签订了合规的劳动合同。这一系列改进不仅提升了员工的工作满意度和企业的内部管理能力，也为企业避免了潜在的巨额法律赔偿和声誉损失。

L日化的案例为所有企业提供了一个重要的教训：在快速发展的同时，必须重视和细化劳动合同的条款设计与审查工作。这不仅关乎企业的法律责任，更是企业持续健康发展和维护良好劳动关系的基石。

第三节 档案管理与保密：安全的锚地

2021年，一家在行业内具有重要影响力的互联网公司，因安全防护不足，遭遇了严重的员工档案泄露事件，引发了公众对数据安全的广泛担忧。

该公司在进行系统升级的过程中，未能充分评估安全风险，导致员工档案数据库在未加密状态下暴露于网络。攻击者利用这一漏洞，非法访问并窃取了大量员工档案信息。泄露的信息不仅包括员工的姓名、身份证号、联系方式等基础个人信息，还涵盖了薪酬记录、银行账户、社会保险和劳动合同等敏感数据。

此次信息泄露事件对员工们造成了极大的影响。员工们面临着身份盗窃、金融诈骗等风险，部分员工甚至收到了诈骗电话和钓鱼邮件。事件曝光后，公司股价短期内出现了显著下跌，市场信心受损，公司声誉和品牌形象遭受重创。

根据《中华人民共和国网络安全法》和《中华人民共和国个人信息保护法》，公司因未能采取必要措施保护个人信息安全，被监管部门处以高额罚款。监管部门还要求公司公开道歉，并对内部安全管理制度进行全面审查和整改。

通过这一事件，公司深刻认识到了数据安全的重要性，并承诺将采取一切必要措施，防止类似事件再次发生。这不仅是对员工负责，也是对企业自身负责，更是对社会负责。企业的数据安全管理，需要从技术、制度、文化等多个层面进行综合施策，构建起全方位的安全防护体系。

在数字化时代，个人信息的安全成为社会关注的焦点。在上述互联网公司的员工档案泄露事件中，我们目睹了数据安全的脆弱性，以及它对企业声誉和员工信任的深远影响。这不仅是一个警示，更是一个转折点，促使我们重新审视档案管理与保密的重要性。

接下来，我们将深入探讨如何将档案管理与保密转化为企业的安全锚地。我们将分析企业应如何构建起坚不可摧的档案管理系统，确保所有敏感数据免受未授权访问和泄露的威胁。

一、建立档案管理制度

企业应建立一套完整的档案管理制度，这套制度应明确劳动合同及其他人事档案的收集、存储、使用和销毁流程，并规定档案的归档时间、保管期限、保密措施等，确保每一份文件都能得到妥善处理（如图7-6所示）。

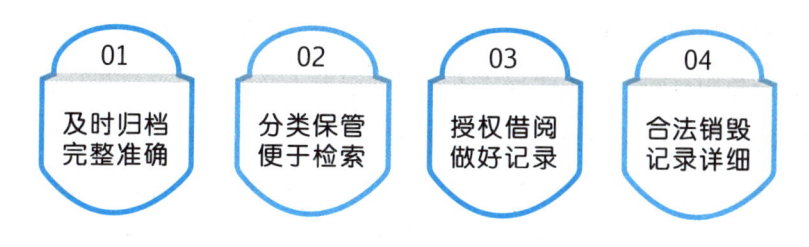

01	02	03	04
及时归档 完整准确	分类保管 便于检索	授权借阅 做好记录	合法销毁 记录详细

图7-6 档案管理的四个主要环节

在档案的收集过程中，企业应确保所有劳动合同和相关证明文件在员工入职后的第一时间内被完整、准确地归档。这包括员工的个人信息、岗位职责、工资待遇、合同期限等关键内容。同时，企业还应收集员工的学历证明、资格证书、身份证复印件等资料，以便日后查询和使用。

在档案的存储方面，企业应设立专门的档案保管部门或人员，负责对档案进行分类、编号、归档和保管。档案应按照一定的顺序排列整齐，便于查找和检索。同时，企业还应建立电子档案库，将纸质档案数字化存储，以备不时之需。

档案的使用和借阅也应有明确的规范。企业应建立档案借阅制度，明确借阅权限和程序。只有经过授权的人员才能借阅档案，且在借阅过程中应确保档案的安全和完整。企业还应做好档案查阅记录，对每次借阅的时间、借阅人、借阅内容等进行详细记录，以便日后追溯和管理。

当档案到达保管期限或不再具有保存价值时，企业应按照国家法律法规和自身规定进行销毁。销毁过程应有专人监督，确保档案被彻底销毁且不会对环境造成污染。同时，企业还应做好档案销毁记录，对销毁的时间、地点、执行人等信息进行详细记录，以备日后查询和核查。

企业在管理员工档案时，应严格遵守《中华人民共和国劳动合同法》《中华人民共和国档案法》等相关法律法规，确保档案管理的合法性。

二、确保档案的真实性和完整性

对于劳动合同而言，其作为明确双方权利义务的法律文件，真实性和完整性显得尤为重要。企业应确保合同内容准确反映双方的意愿和约定，避免因合同内容不明确或不完整而引发不必要的争议。在签订合同时，企业应与员工进行充分沟通，确保双方对合同条款的理解一致。同时，企业还应要求员工对合同内容进行仔细核对，确保无误后再签字确认。

在档案的收集过程中，企业应采取多种措施来确保文件的真实性。例如，对于员工的学历证明、资格证书等关键资料，企业可要求员工提供原件或经过认证的复印件。此外，企业还可通过调查、核实等方式，对员工提供的信息进行验证，确保其真实可靠。

三、安全存储与应急预案

为了确保员工档案的安全性和保密性，企业必须采取一系列措施来加强档案的存储安全和应急响应能力。

选择合适的存储方式是确保员工档案安全的关键（如图7-7所示）。

图7-7 两类档案存储方法

对于电子档案，企业应采用加密技术来保护数据不被非法访问。加密的电子档案系统能够有效防止数据在传输过程中被截取或篡改，从而确保档案的真实性和完整性。同时，企业还应定期更新加密算法和密钥，以应对不断变化的安全威胁。

对于纸质档案，企业应选择安全的物理环境进行存储。这包括设立专门的档案室，配备防火、防潮设备以及安装监控摄像头等。档案室应实行严格的出入管理制度，只有经过授权的人员才能进入。此外，企业还应定期对档案室进行安全检查，确保存储环境符合安全要求。

除了加强存储安全外，企业还应制订应对档案泄露的应急预案。一旦发生档案泄露事件，企业应迅速启动应急预案，通知相关人员并展开内部调查。调查应全面、客观、公正，旨在查明泄露原因、评估影响范围并采取相应的补救措施。同时，企业还应及时向受影响的员工和相关方通报情况，并依法承担相应责任。

为了提高应急响应能力，企业应定期组织档案泄露演练和培训。通过模拟真实的泄露场景，企业可以检验应急预案的可行性和有效性，并根据实际情况进行调整和完善。同时，培训还可以提高员工的安全意识和应对能力，使其在面对档案泄露时能够保持冷静，果断地采取正确措施。

守护企业秘密——J集团科技的档案管理与保密实践

J集团，作为全球显示技术的先锋，自1993年成立以来一直处于半导体显示行业的前列。该公司在显示屏市场拥有较高的份额，为智能手机、电视、电脑等多种电子设备提供关键的显示组件。然而，2020年，J集团面临了一次严峻的档案管理与保密危机，这次危机不仅威胁到公司的商业利益，也暴露了其在信息安全方面的薄弱环节。

该事件起始于当年初，J集团在一些内部审计中发现了异常的数据访问和传输活动。进一步调查揭示了部分关键技术资料和商业合同信息遭到非法泄露的事实。这些资料包括未公开的产品设计方案、研发数据以及与客户的业务往来记录，这对公司的技术优势和市场地位构成了严重的威胁。

分析之后发现，信息泄露的主要原因是档案管理流程存在缺陷，这包括档案访问权限设置不当、保密协议执行不严格，以及对员工保密意识培训不足等。例如，一些敏感文件并未进行适当的加密处理，且对于访问这些文件的员工监控不足，导致信息在无意中被泄露或被有意图的内部人员所利用。

为了应对这一危机，J集团迅速采取了一系列措施来强化其档案管理系统和保密措施。一方面，公司对档案管理系统进行了全面的技术升级，加强了文档的电子加密和访问控制，确保只有被授权

> 的人员才能接触到敏感信息。另一方面，公司修订并强化了保密协议，明确了员工和合作伙伴的保密责任，对违反协议的行为实施更严厉的惩罚。此外，J集团还加大了对员工的保密意识培训力度，通过举办工作坊和研讨会，提高员工对知识产权保护和数据安全的认识。
>
> 根据公开报道，J集团在2020年下半年的财报中提到，通过这些紧急措施，公司已显著提高了数据安全水平，并成功阻止了进一步的信息泄漏。同时，公司也从这次事件中学到了重要的一课，即在高科技行业中，保护企业的知识产权和商业秘密是至关重要的。

J集团的经验给所有企业尤其是技术密集型企业提供了重要的启示：在当今信息流动迅速的环境下，企业必须重视档案管理和保密工作，建立健全的档案保密制度，加强技术防护措施，并通过培训和教育提高员工的保密意识。这是维护企业竞争优势和市场地位的关键所在。

第四篇

财税合规与用工风险之综合护航

第八章

内部控制之塔：稳固与智慧

第一节　组织架构：坚实的塔基

A单车作为共享单车行业的先驱之一，曾在中国市场迅速崛起，成为资本追逐的焦点。然而随着时间的推移，A单车因组织架构的问题逐渐暴露出管理和运营上的缺陷，最终导致企业陷入困境。

A单车在快速扩张的过程中，未能及时建立起与之相匹配的组织架构。公司内部缺乏清晰的管理层级和职责划分，导致决策效率低下，执行力不足。此外，公司对于市场变化的响应不够迅速，对内部风险的控制也不够到位。

2018年，随着共享单车市场竞争的加剧，A单车开始面临运营成本高、资金链紧张等问题。公司内部的组织架构问题在这一时期被放大，管理层决策失误频发，员工执行力不足，导致服务质量下降，用户体验受损。

在组织架构方面，A单车存在多个问题。首先，公司高层对于市场趋势的判断存在分歧，导致战略方向不明确。其次，中层管理团队缺乏足够的权威和资源，难以有效地执行决策。最后，基层员工的职责也不够明确，工作流程混乱，效率低下。

由于组织架构的问题，A单车在市场竞争中逐渐失去优势。公司的资金链出现问题，导致无法维持正常的运营。最终，A单车不得不大规模地裁员并从市场撤退，品牌形象和市场份额均受到严重影响。

A 单车的案例给所有企业提供了重要的启示。一个企业的组织架构是其稳健运营的坚实基础。只有具有清晰的管理层级、明确的职责划分和高效的决策机制，企业才能在激烈的市场竞争中立于不败之地。

通过 A 单车的案例，我们可以看到组织架构对于企业成功的重要性。在接下来的内容中，我们将深入探讨如何构建一个高效的组织架构，以支撑企业的稳健发展。我们将分析组织架构设计的原则、实施的关键步骤，以及如何根据企业的发展阶段和市场环境进行调整。

一、职责明确的组织架构设计

高效的组织架构设计能够明确各部门及岗位的职责，确保责任到人，避免管理真空，从而提高企业的管理效率和风险防控能力（如图 8-1 所示）。

图 8-1 高效的组织架构设计的三个关键

首先，企业的组织架构要清晰，能够明确各部门及岗位的财税合规与用工风险管理职责。例如，可以设立专门的财税部门和用工风险管理部门，负责设置和执行符合相关政策法规的工作流程，监督和管理企业的财税和用工风险。

其次，企业应加强沟通协作，形成合力。各部门之间应建立有效的沟通机制，定期交流信息，分享经验，共同解决财税合规与用工风险管理中的问题。例如，可以定期召开跨部门会议，讨论和解决存在的问题和难题；也可以通过企业内部网络平台，实现信息的实时共享和交流。此外，企业还应加强与外部专业机构的合作，引入先进的管理理念和技术支持，提升企业的风险防控能力。比如，可以与专业的法律顾问团队合作，定期对企业进行法律风险评估和指导。

最后，企业应建立健全的监督考核机制，确保各项管理措施得到有效执行。企业应定期对各部门及岗位进行考核评估，对表现优秀的部门和员工给予奖励，对存在问题的部门和员工及时提出整改意见。通过监督考核，企业可以不断优化管理体系，提高财税合规与用工风险管理的效果。例如，可以设立专门的考核小组，对各部门的工作进行定期检查和评估，并根据评估结果采取相应的奖惩措施。

二、设立专业合规部门

专业合规部门的设立对于确保企业操作符合法律法规的要求至关重要。通过设立或指定专门的合规部门，如财税合规部和人力资源合规部，企业可以有效监督相关政策和计划的执行，降低违法风险，提升企业形象和竞争力。

财税合规部是企业中负责财税事务的重要部门，其主要职责包括制定财务管理制度并执行、税务筹划、合规申报等工作。财税合规部应具备专业的财务知识和税务经验，能够准确理解和应用税法法规，确保企业财务运作合法合规。例如，财税合规部可以通过定期组织内部财税培训，提高员工的财税意识和能力；同时，还可以与政府税务部门保持密切沟通，及时了解税法变化，确保企业税务申报的准确性和及时性。

人力资源合规部则是负责企业人力资源管理的重要部门，其主要职责包括员工招聘、合同管理、劳动纠纷处理等工作。人力资源合规部应具备专业的人力资源管理知识和较高的法律意识，能够准确理解和应用劳动法规，确保企业用工合法合规。例如，人力资源合规部可以通过编写详细的员工手册和劳动合同范本，明确员工的权利和义务；同时，还可以定期组织内部培训和演练，提高员工的法律意识和风险防范能力。

三、高层管理的示范作用与跨部门协作

高层管理人员的积极参与和跨部门协作机制的建立，能够有效推动合规政策的制定和执行，促进信息共享和协同工作，为企业的稳健发展提供有力保障。

高层管理人员作为企业的领导者，其言行举止对员工具有重要的示范作用。在合规政策的制定和执行过程中，高层管理人员应积极参与，展现对合规文化的重视和承诺。例如，高层管理人员可以亲自出席合规培训活动，强调合规政策的重要性，并要求员工严格遵守；同时，还可以定期与合规部门沟通，了解合规政策的执行情况，及时解决存在的问题。这种示范作用能够激发员工的积极性和责任感，促使他们主动遵守合规政策，形成良好的合规氛围。

然而，仅靠高层管理人员的示范作用还不足以实现全面的合规管理，因此，建立跨部门协作机制至关重要。通过促进信息共享和协同工作，各部门能够共同应对合规风险，提高管理效率。例如，可以设立跨部门合规委员会，由各部门的代表组成，定期召开会议，讨论和解决合规问题。这种协作机制能够打破部门之间的壁垒，促进资源共享和经验交流，提高企业的风险防控能力。

此外，跨部门协作还能够促进企业内部的沟通和理解。各部门之间通过合作解决问题的过程，能够增进彼此的了解和信任，形成更加紧密的团队关系。这种团队关系不仅有助于提高员工的归属感和工作满意度，还能够提升企业的整体执行力和竞争力。

四、组织架构的灵活性与持续优化

一个灵活的组织架构应该能够适应外部环境的变化，及时调整管理策略和流程，提高企业的竞争力和抗风险能力（如图8-2所示）。

- 01　不断调整，适应变化
- 02　定期审查，及时优化
- 03　利用技术手段提高效率
- 04　加强内部审计与风险评估

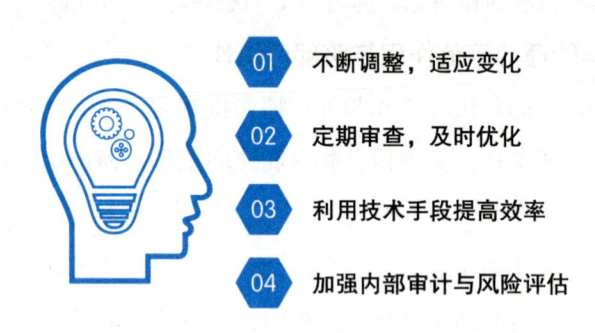

图 8-2　实现组织架构灵活性的四项措施

随着市场、技术和法规的不断发展，企业需要不断调整自身的组织架构和管理方式，以适应这些变化。例如，当市场出现新的竞争对手或技术变革时，企业可能需要设立新的部门或调整现有部门的职能，以更好地应对挑战。同时，企业还应注重培养员工的多技能和跨领域能力，使他们能够在不同的岗位上胜任工作，增强组织的适应性和灵活性。

企业应定期审查和优化组织架构设计。通过定期审查，企业可以发现组织架构中存在的问题和不足，及时进行完善和优化。例如，可以通过员工满意度调查、绩效评估等方式收集反馈信息，了解员工对组织架构的看法和建议；同时，还可以参考行业最佳实践和成功案例，借鉴其经验教训，对自身的组织架构进行改进。

此外，利用技术手段提高管理效率也是保持组织架构灵活性的重要手段。现代信息技术的快速发展为企业提供了丰富的管理工具和平台，如数据分析软件、人工智能助手等。企业可以利用这些技术手段实现信息的实时共享、自动化处理和智能分析，提高管理效率和决策准确性。

例如，通过建立数字化的员工档案管理系统，可以实现员工信息的快速查询和更新，方便人力资源部门的工作；同时，还可以利用数据分析工具对员工的绩效数据进行分析，为管理层提供决策支持。

最后，加强内部审计与风险评估是确保财税合规与用工风险管理有效性的重要环节。企业应建立健全的内部审计制度，对各项管理活动进行定期审计和监督，确保合规性和有效性。同时，还应加强风险评估工作，定期评估企业面临的财税和用工风险，准备相应的应对措施和预案。例如，可以通过定期进行财务审计和税务检查，确保企业的财务状况和税务申报符合法律法规要求；同时，还可以对员工的劳动合同和社会保险缴纳情况进行审查，确保用工合法合规。

某律师事务所的数字化合规转型

在监管数字化的时代背景下，企业面临着日益严峻的合规挑战。与个人信息保护、网络安全等相关的法律法规的相继出台，对企业的数据处理和存储提出了更高要求。某律师事务所，作为法律服务行业内的先行者，积极应对这一转型，通过一系列创新措施，加强了财税合规与用工风险管理。

该律师事务所在面对数字化监管的挑战时，首先对内部组织架构进行了优化。他们建立了一个由高级合伙人领导的合规委员会，负责监督和指导全所的合规工作。该委员会下设财税合规、用工合规等多个小组，确保各项合规措施得到有效执行。

在"业财税一体化"管理模式的实施中，该事务所引入了先进的信息技术系统。通过这一系统，事务所能够实时监控业务流程、税务申报和财务数据，确保所有操作都符合法律法规的要求。此外，该系统还具备自动预警功能，能够在检测到潜在风险时及时通知相关人员采取措施。

为了提高财税合规性，该律师事务所对所有业务合同进行了重新审查，确保合同条款符合税法规定。他们还加强了对员工的培训，提高员工对财税法规的认识和理解。通过定期的内部审计，事务所确保了财税活动的透明度和合规性。

　　在用工风险管理方面，该律师事务所修订了员工手册，明确了员工的权利和义务。他们还建立了一套完善的员工绩效评估体系，确保员工的薪酬和福利与工作表现相匹配。此外，事务所还加强了对招聘流程的监管，确保招聘过程的公平性和合法性。

　　通过这一系列措施，该律师事务所显著提高了其财税合规性，减少了因不合规操作带来的潜在风险。事务所的内部管理更加规范，运营效率和风险防控能力均得到加强。这些措施不仅提升了事务所的市场竞争力，也赢得了客户和合作伙伴的信任。

第二节　控制流程：灵活的塔身

B直播，曾是中国网络直播行业的一颗新星，凭借独特的市场定位和创新的运营模式迅速吸引了大量用户和主播。然而，由于内部控制流程的缺失，这家企业在2019年遭遇了严重的运营危机，最终导致破产。

B直播在快速扩张的过程中，未能建立起有效的内部控制流程，导致资金管理混乱、成本失控，以及对直播内容监管不足。这些问题逐渐累积，最终演变成无法挽回的危机。

2019年初，B直播开始出现资金链断裂的迹象。公司内部缺乏有效的成本控制机制，导致营销和运营成本居高不下。同时，由于缺乏对直播内容的严格监管，平台多次因违规内容受到监管部门的处罚。

B直播的内部控制失误主要体现在资金流管理、成本控制和内容监管三个方面。首先，公司在资金流管理上缺乏透明度和规范性，导致投资者和合作伙伴信心下降。其次，公司未能有效控制运营成本，尤其是在市场营销和主播签约方面存在过度投入。最后，平台对直播内容监管不力，多次出现违规行为，损害了平台的声誉。

由于上述问题，B直播的财务状况迅速恶化，用户流失严重，最终在2019年3月底宣布破产。这一事件震惊了整个直播行业，也给所有企业提供了深刻的警示。

B直播的案例提醒所有企业，内部控制流程的建立和执行至关重要。企业应建立健全的财务管理体系，严格控制成本，加强对业务运营的监管，以确保企业的稳健发展。

B直播的失控之路，凸显了建立健全的内部控制流程对企业稳健运营的重要性。在接下来的内容中，我们将深入探讨如何构建和优化企业的内部控制流程。我们将分析内部控制流程设计的原则、实施的关键步骤，以及如何根据企业的发展阶段和市场环境进行调整。

一、建立全面的内部控制流程

内部控制流程是企业管理的基础，它涵盖了财税管理和用工管理的各个方面，包括财务报告、税务申报、员工招聘、薪酬发放、工时记录和劳动合同管理等。通过制定明确的规范和标准，企业能够确保所有操作的合规性和一致性，降低风险并提升管理效率（如图8-3所示）。

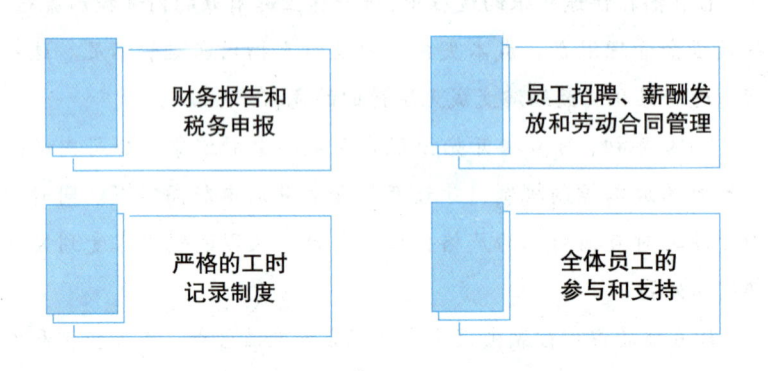

图8-3　内部控制流程的四个关键点

首先，财务报告和税务申报是企业内部控制流程中的关键环节。企业应建立完善的财务报告制度，确保财务数据的准确性和及时性。同时，税务申报也应按照国家法律法规的要求进行，避免因延误或错误而导致的税务风险。例如，企业可以设立专门的财务部门，负责财务报告的编制和税务申报工作；还可以定期对财务数据进行审计和检查，确保其真实性和准确性。

其次，员工招聘、薪酬发放和劳动合同管理也是内部控制流程中的重要组成部分。企业应制订详细的人力资源政策和程序，确保员工招聘的公平性和合法性。薪酬发放方面，企业应建立科学的薪酬体系，合理确定员工的薪资水平，并按时发放工资和福利。劳动合同管理方面，企业应与员工签订书面劳动合同，明确双方的权利和义务，避免因合同纠纷而产生的法律风险。例如，企业应设立人力资源部门，负责员工招聘、薪酬发放和劳动合同管理工作；还可以定期对人力资源管理进行评估和改进，提高管理效率和员工满意度。

再次，工时记录也是内部控制流程中的一项重要内容。企业应建立严格的工时记录制度，确保员工的工作时间和精力投入得到合理安排和充分利用。通过工时记录，企业可以了解员工的工作情况，优化工作流程，提高工作效率。例如，企业可以采用现代化的工时管理系统，实现工时的自动化记录和统计；还可以定期对工时数据进行分析，为管理层提供决策支持。

最后，内部控制流程的建立和执行需要全体员工的参与和支持。企业应加强对员工的培训和教育，提高他们的内部控制意识和能力。同时，还应建立健全的监督考核机制，对内部控制流程的执行情况进行定期检查和评估。对于表现优秀的员工和部门给予奖励，对于存在问题的员工和部门及时提出整改意见，确保内部控制流程的有效执行。

二、建立风险评估与监控机制

风险评估是风险管理的起点。企业应定期进行财税合规与用工风险的评估，以便及时发现潜在的风险点。在评估过程中，企业可以采用定性和定量相结合的方法，对可能影响企业合规性的内外部因素进行分析和评价。例如，可以通过问卷调查、访谈等方式收集员工和管理层的意见和建议，了解他们对企业合规风险的看法和担忧；同时，还可以利用数据分析工具对企业的历史数据进行分析，找出可能存在的风险点。

建立有效的监控机制是确保风险得到及时应对的关键。企业可以建立定期审计制度,对各项管理活动进行定期审计和监督,确保合规性和有效性。例如,可以设立内部审计部门或聘请外部审计机构,对企业的财务报表、税务申报、员工劳动合同等进行定期审计,发现问题及时纠正。此外,实时数据分析也是监控机制的重要组成部分。企业可以利用现代信息技术手段,实现对关键指标的实时监控和分析。例如,可以通过数据分析平台,实时监测企业的财务状况、员工工作情况等关键指标的变化,并建立数据仓库,一旦发现异常情况立即进行处理。

建立有效的监控机制还需要采取合理的信息反馈和沟通措施。企业应鼓励员工积极上报风险信息,并对上报的信息进行及时处理和反馈。同时,企业还应加强与其他部门的沟通协作,形成合力,应对风险。例如,可以定期召开风险管理会议,邀请各部门负责人参加,共同讨论和解决风险管理中的问题和挑战。

三、加强关键环节的审查与审批

加强关键环节的审查与审批是确保关键决策的合规性和有效性的重要手段。关键环节包括大额交易、税务筹划、员工晋升和薪酬调整等,这些环节往往涉及重大利益和风险,需要特别关注和审慎处理。通过实行严格的审查与审批流程,企业能够减少失误和滥用职权的可能性,增强流程的透明度和公正性。

对于大额交易和税务筹划等关键环节,企业应建立多层审批机制,确保决策的合理性和合规性。例如,在进行大额交易时,企业可以设立专门的审批小组,由多个部门的负责人组成,共同对交易进行审查和评估。同时,还可以引入外部专家或法律顾问的意见,获得专业的建议和指导。在税务筹划方面,企业应遵循税法法规的要求,制订合理的税务策略,避免因违规操作而产生的税务风险。此外,企业还应定期对税务筹划进行审查和评估,确保其持续合规性和有效性。

员工晋升和薪酬调整也是企业内部管理中的关键环节。企业应建立健全的晋升和薪酬制度，明确晋升和薪酬调整的条件和标准，确保公平公正。在晋升方面，企业可以通过设立晋升委员会或采用 360 度评估等方式，全面客观地评价员工的绩效和能力，为晋升决策提供依据。在薪酬调整方面，企业应根据市场薪酬水平和员工的工作表现，制订合理的薪酬调整方案，并经过多层审批后实施。同时，企业还应加强对晋升和薪酬调整过程的监督和检查，确保执行合规，让员工的权益得到保护。

四、培养员工的合规意识

员工作为控制流程的执行者，其合规意识和操作规范性直接关系到企业的合规性和稳健发展。因此，企业应重视员工的合规培训和教育，提高他们对财税法规和用工政策的理解，确保他们在日常操作中能够遵守规定，有效执行内部控制流程（如图 8-4 所示）。

```
制订全面的培训计划
采用多种培训方式
建立持续学习的机制和文化氛围
加强合规操作的监督和评估
```

图 8-4 培养员工合规意识的四项重要措施

首先，企业应制订全面的培训计划，涵盖财税法规、用工政策、内部控制流程等方面的内容。这些培训计划应根据员工的职责和需求进行定制，确保每位员工都能获得所需的知识和技能。例如，对于财务部门的员工，企业可以重点培训他们财务报表编制、税务申报等方面的知识；对于人力资源部门的员工，则可以重点培训他们劳动合同管理、薪酬福利发放等方面的知识。

其次，企业应采用多种培训方式，提高培训的效果和吸引力。除了传统的课堂培训外，企业还可以利用在线学习平台、模拟操作软件等现代信息技术手段，为员工提供灵活便捷的学习途径。同时，企业还可以邀请外部专家或法律顾问进行专题讲座，分享最新的法规动态和案例，帮助员工更好地理解和应用相关知识。

再次，企业还应建立持续学习的机制和文化氛围。鼓励员工主动学习、不断更新自己的知识和技能，以适应不断变化的市场环境和法规要求。企业可以通过设立学习奖励制度、举办知识竞赛等方式，激发员工的学习热情和积极性。同时，企业还可以建立内部知识共享平台，促进员工之间的经验交流和互助学习。

最后，企业还应加强对员工合规操作的监督和评估。通过定期检查、审计和考核等方式，评估员工的合规操作情况，并给予相应的奖惩措施。对于表现优秀的员工，企业可以给予表彰和奖励，激励他们继续保持良好的合规操作；对于存在问题的员工，企业则应及时提出整改意见，并提供必要的辅导和帮助。

从挑战到卓越——H基因的内部控制实践

H基因作为中国基因测序行业的先锋，自成立之初就以其前沿的技术和创新的服务在全球生命科学领域占据了显著的位置。然而，在2020年，这家快速成长的企业在其内部控制体系中遭遇了一系列挑战，这些问题在一次常规的财务审计中被揭示出来。

审计结果显示，H基因在研发费用的归集和成本分配方面存在明显的内部控制缺陷。具体来说，随着公司规模的不断扩大和业务线的多样化，原有的内部控制系统未能跟上快速发展的步伐，导致一些关键财务处理流程缺乏必要的监控和调节机制。这不仅影响了财务报告的准确性，还可能对公司的市场信誉和投资者的信心产生不利影响。

面对这些问题，H基因管理层迅速采取了一系列措施来强化其内部控制体系。

一方面，公司对现有的内部控制流程进行了全面的审查和重新设计，特别是在研发费用管理方面。这包括建立更为严格的费用审批流程、加强成本分配的透明度，以及提高财务报告的准确性。

另一方面，为了提高财务数据的准确性和完整性，H基因加强了对关键财务数据的监控。公司引入了新的自动化IT系统来优化数据收集与处理过程，确保数据能够真实、准确地反映公司的财务状况。

此外，H基因也开始重视员工的内部控制培训，以提升全员的风险意识和合规能力。通过组织定期的培训和工作坊，公司确保每位员工都明白其在内部控制体系中的角色和责任。这些培训不仅涵盖了基础的内部控制知识，还包括了针对特定岗位的高级风险管理技能。

通过这些整改措施的实施，H基因不仅解决了审计中发现的问题，还显著提高了整个企业内部控制系统的效率和有效性。根据公开发布的财务报告，公司在随后的一年内成功提升了财务报告的准确性，增强了市场和投资者的信心。

H基因的经验为所有高成长型企业提供了重要的启示：在追求快速发展的同时，企业必须不断审视和完善内部控制体系，确保管理的严谨性和运营的透明性。这不仅有助于及时发现和纠正潜在的问题，也是企业实现长期稳健发展的关键。

第三节　文化培育：闪耀的塔尖

> 2022年,《福布斯》及B咖啡公司年报报道了B咖啡作为全球知名咖啡连锁企业,是如何通过其独特的企业文化和价值观来建立一套深入人心的合规体系的。B咖啡一直以其强大的企业文化为荣,成功地将合规理念融入到企业日常运营中,秉承"道德采购"和"社会责任"的原则,不仅关注产品质量,还注重员工的福利与职业发展,以及在全球范围内应承担的社会责任。
>
> 具体措施包括五个方面:第一,通过价值观教育强调诚信、尊重、追求卓越等核心价值观,并将这些纳入员工培训和日常管理中;第二,鼓励开放和透明的沟通文化,确保员工理解并认同企业的合规政策;第三,通过员工反馈机制,并允许员工参与决策过程,提高员工对企业财税合规和用工政策的参与度和认同感;第四,在全球范围内实施如支持公平贸易咖啡、环保行动等社会责任项目,这些举措也加强了内部对合规的重视;第五,定期为员工提供财税合规和职业道德方面的培训,确保员工对相关法规和公司政策有清晰的认识。

B咖啡的文化培育策略有效地提升了企业的财税合规和用工风险管理水平,这种以文化为核心的管理方式赢得了消费者和投资者的信任,为企业在全球范围内的稳健运营提供了有力保障。这一案例展示了文化培育在财税合规和用工风险管理中的重要作用，强调了企业文化的力量及其在塑造企业行为和价值观方面的核心作用。通过将合规理念融入企业文化，企业能够建立起一种自我监督和自我完善的机制，有效降低财税和用工风险，为企业的长期发展提供支撑。

一、建立诚信的工作环境

在当今复杂多变的商业环境中，建立一个以诚信为核心的工作环境对于任何企业来说都是至关重要的（如图 8-5 所示）。诚信不仅是企业道德的基石，也是企业赢得客户、合作伙伴和投资者信任的关键因素。

图 8-5　建立诚信工作环境的四项措施

为了传达诚信的重要性，企业需要制定明确的政策和行为准则。这些政策和准则应当强调遵守法律法规、诚实报告业务成果，以及在所有商业活动中坚持透明沟通。企业还应确保这些原则在招聘、培训、评估和晋升过程中得到体现和强化，从而为员工提供清晰的指导和期望。

企业应建立一种鼓励诚信报告的机制，让员工在遇到道德困境或违规行为时，能够无所畏惧地提出问题和关切。这可能包括设立匿名举报热线、创建开放的反馈渠道，以及确保举报人不受报复的保护措施。通过这些措施，员工可以更自信地报告问题，而不必担心后果。

企业领导者的榜样作用不容忽视。领导者的行为将直接影响企业文化的形成和发展。因此，领导者需要通过自己的行为来展示诚信的价值观，以身作则，坚持高标准的职业道德。他们的行为将成为员工效仿的榜样，从而推动整个企业向着更高的道德标准发展。

此外，企业还可以将诚信纳入绩效评估体系，确保所有员工和部门都将诚信作为工作的一部分。通过奖励那些展现诚信行为的员工，企业可以进一步强化诚信文化的价值观。这将激励员工将诚信视为一种值得追求和践行的美德，而不仅仅是一项基本要求。

二、建立激励与认可机制

建立激励与认可机制是推动财税合规和用工风险管理的重要手段。这样的机制不仅能够表彰那些在财税合规和用工风险管理方面做出突出贡献的员工或团队，还能激发全体员工的积极性，促进合规文化在企业内部的深入实践。

激励与认可机制应建立在公平、公正的基础上，确保每位员工的努力都能得到应有的认可。企业可以通过设立奖项、颁发荣誉证书、提供奖金等方式，对在财税合规和用工风险管理方面表现突出的员工进行表彰。这些奖励不仅是对个人或团队努力的肯定，也是对其他员工的激励。

激励与认可机制应具有针对性和层次性。针对不同层级、不同岗位的员工，企业可以设立不同的奖励标准和评选方式。这样既能确保奖励的公平性，又能激发员工在不同层面上的积极性。同时，企业还可以通过定期举办优秀员工评选、合规知识竞赛等活动，营造积极向上的氛围，进一步推动合规文化的建设。

激励与认可机制还应注重长期性和连续性。企业应将这一机制纳入长期的战略规划中，确保其能够持续有效地发挥作用。通过不断地调整和完善激励机制，企业可以逐步形成一种自我驱动、自我完善的合规文化，从而实现财税合规和用工风险管理的长远目标。

三、建立开放的沟通渠道

在企业中建立开放的沟通渠道不仅能够促进信息的流通和共享，还能够鼓励员工提出疑虑或报告潜在的合规问题。为了实现这一目标，企业应采取一系列措施，确保员工能够在不受报复的情况下，自由地表达关切。

首先，企业应建立一个匿名举报系统，让员工可以在完全匿名的情况下报告潜在的合规问题或提出疑虑。这种系统可以有效地保护员工的隐私和权益，防止他们因为担心报复而不敢发声。同时，企业还应确保举报渠道的多样性和便捷性，比如设立专门的举报邮箱、热线电话或在线平台，让员工可以随时随地进行举报。

其次，企业应加强对沟通渠道的宣传和推广，让每位员工都了解并熟悉这些渠道的使用方法和注意事项。企业可以通过内部培训、宣传海报、邮件通知等多种方式，向员工传递相关信息，提高他们对开放沟通渠道的认知度和接受度。

再次，企业还应建立一套完善的举报处理机制，确保每一条举报信息都能得到及时、公正的处理。企业可以设立专门的调查小组或委托第三方机构对举报信息进行核实和调查，并根据调查结果采取相应的措施。同时，企业还应将举报处理结果及时反馈给举报人，让他们知道企业已经采取了积极的行动，增强他们对举报制度的信任。

最后，企业还应努力营造一种鼓励员工积极发声的文化氛围。领导层可以定期与员工进行面对面的交流，听取他们的意见和建议，并对其中的优秀建议给予表彰和奖励。这种做法不仅能够激发员工的积极性和创造力，还能够进一步增强他们对企业的信任感和归属感。

四、持续的合规文化评估与改进

在企业财税合规和用工风险管理领域,持续评估与改进合规文化是确保企业长期稳健发展的重要措施。为此,企业需建立一套系统化的评估机制,以监控和强化合规文化的实际效果(如图8-6所示)。

图8-6 系统化评估机制的五个重点

企业应定期进行自我评估,通过内部审计和合规部门审查现行的合规政策、程序和实践。这种评估应涵盖合规培训的有效性、员工对合规文化的认知度,以及合规管理体系的整体效能。

企业还需积极收集员工反馈和建议,这可以通过匿名调查、意见箱、员工大会或直接与员工对话等方式实现。员工的一手信息对于识别潜在合规风险和改进点至关重要。

此外,企业应利用数据分析工具监控合规事件和关键指标,包括但不限于违规案例数量、合规培训参与度及合规检查的频率和结果。这些数据能更准确地识别合规文化中的薄弱环节。一旦发现需要改进的领域,企业应立即制订改进计划并分配必要资源。改进措施可能包括更新合规政策、加强特定领域培训或引入新的合规工具和技术。

同时，企业应建立持续反馈循环机制，确保合规文化改进措施有效执行，并定期回顾其效果。这种持续评估和调整有助于企业适应不断变化的法规环境和业务需求。

最后，企业应鼓励跨部门合作，确保合规文化评估与改进工作得到全员支持和参与。通过跨部门团队共同努力，企业能更全面地识别和解决合规问题，构建坚实持久的合规文化。

文化的力量——X教育在变革中的文化培育

X教育科技集团作为中国教育行业的佼佼者，自1993年成立以来一直处在全球教育行业的前沿。经过近30年的发展，X教育已经从最初的语言培训扩展至全方位的教育服务，包括学前教育、K-12教育、海外学习咨询等多元化业务。然而，2021年，随着教育培训行业监管政策的突然收紧，X教育遭遇了前所未有的挑战，迫切需要进行业务模式的重大调整。

这场政策变革主要涉及对校外培训机构的严格限制，特别是在课程内容、授课时间及营销活动方面。对于X教育而言，这不仅仅是业务模式的调整，更是一次对企业文化和员工士气的重大考验。根据公开报道，X教育的营收在政策变动后的几个季度内受到了显著影响，公司市值一度缩水超过70%。

面对这样的局面，X教育的管理层迅速做出反应，决定从企业文化入手进行一系列内部改革。2021年夏季，X教育创始人在一次全员大会上明确表示，公司将转型为更多元化的教育服务平台，不仅仅局限于应试教育，而是更加注重培养学生的全面能力和兴趣。他强调创新和适应性是X教育新的核心价值观之一，并呼吁所有员工共同努力，适应行业变革。

为了加强这一文化转变，X教育推出了一系列内部沟通和培训措施。公司通过内部刊物《X教育人》和社交媒体平台，定期分享公司新闻、成功案例及员工故事，增强员工对公司文化的理解和认同。同时，X教育还组织了多场员工参与的文化活动，如"X教育文化节"和"创新马拉松"，旨在激发员工的创造力和团队精神。

此外，X教育还特别重视员工的持续学习和职业发展。公司不仅提供各类在线和线下培训课程，帮助员工提升专业技能，还鼓励员工参与到公司的战略转型中来，比如参与开发新的教育产品和课程设计。

通过这些举措，X教育力图在动荡的市场环境中保持竞争力。据2022年初发布的财务报告显示，X教育的新业务领域开始初见成效，公司总营收逐步恢复，市场信心逐渐重建。更重要的是，通过这次文化重塑，X教育的员工展现出了前所未有的凝聚力和创新能力，为公司的长远发展奠定了坚实的基础。

第九章

外部审计之光：透明与信任

第一节　审计流程：清晰的镜像

> A能源曾是美国能源行业的巨头，市值一度高达800亿美元。然而，2001年，这家公司因财务造假丑闻而崩溃，震惊了全球金融市场。这一事件揭示了A能源内部审计流程的失败，以及外部审计机构在审计过程中的疏忽。
>
> A能源通过复杂的会计手段和特殊目的实体（SPEs）隐藏债务和夸大收益。公司内部缺乏有效的审计流程，未能及时发现和纠正这些不当行为。同时，外部审计机构安达信会计师事务所也未能履行其审计职责，未能发现安然的财务问题。
>
> 2001年，A能源的财务问题开始受到媒体和监管机构的关注。随着调查的深入，公司多年来的财务造假行为被揭露。A能源通过在资产负债表上隐藏债务、在利润表上夸大收益，误导了投资者和市场。
>
> A能源的审计失败主要表现在以下几个方面：首先，公司内部审计部门未能独立运作，受到管理层的不当影响；其次，外部审计机构未能保持应有的职业怀疑态度，对A能源的财务报告提出了错误的审计意见；最后，A能源利用复杂的金融工具和交易结构，规避了审计的审查。
>
> A能源的财务造假丑闻导致了公司股价的暴跌和市值的蒸发。公司最终申请破产保护，数千名员工失去了工作和退休金。此外，安达信会计师事务所也因审计失败而受到重罚，最终解体。

A能源的案例给所有企业提供了深刻的教训。一个企业要想实现可持续发展，必须建立健全的内部审计流程，确保财务报告的真实性和透明度。同时，外部审计机构也应履行其职责，为市场的健康发展提供保障。

A能源的审计失败，凸显了审计流程在企业风险管理中的重要性。在接下来的内容中，我们将深入探讨如何构建和优化企业的审计流程。我们将分析审计流程设计的原则、实施的关键步骤，以及如何提高审计的有效性，以此帮助读者全面了解审计流程在企业内部控制中的核心作用，为企业的稳健发展提供坚实的保障（如图9-1所示）。

制订审计计划 → 执行审计程序 → 收集审计证据 → 编制审计报告

图9-1 审计流程的四个环节

一、制订审计计划

制订审计计划，就像是一位医生为病人做体检前的准备工作。正如医生需要了解病人的症状、病史和生活习惯一样，审计机构在开始外部审计前，会与企业进行深入沟通，了解企业的业务性质、规模和运营特点。这一过程就像是医生询问病人的健康状况，以便制订出最适合的检查方案。

审计计划的制订是一个细致入微的过程，它包括了审计目标、审计范围、关键审计事项和时间安排等几个方面。就像医生制订的体检计划，需要明确检查的目的（比如是常规健康检查，还是为了诊断某个特定的病症进行的检查），确定检查的范围（全身检查还是局部检查），以及列出关键的检查项目（如血常规、心电图等）和具体的检查时间。

在制订审计计划时，审计师还需要对企业的内部控制体系进行初步评估，判断其设计的合理性和执行的有效性。这个过程可以比作医生对病人的初步观察，通过查看病人的体征、询问症状等方式，来判断病人的健康状况和可能存在的问题。审计师通过对企业财务报告流程、风险管理和合规控制等方面的检查，来评估企业内部控制的健康状况，从而确定审计的重点和难点。

二、执行审计程序

执行审计程序就如同医生根据体检计划进行各项检查。审计师会根据之前制订的审计计划，执行具体的审计程序，这些程序包括但不限于检查会计记录、验证资产负债表项目、测试收入和费用的准确性、评估披露的完整性等。这就像医生会根据体检计划，进行血液检查、心电图、超声波等具体的检查项目。

在审计过程中，审计师与企业管理层和治理层（如董事会或监事会）进行沟通，讨论审计发现的问题、管理层的回应，以及对企业运营和财务状况的影响。这一过程就像医生在检查过程中与病人沟通，了解病人的感受，讨论检查中发现的问题及可能的治疗方案。

这样的沟通对于审计工作的顺利进行至关重要，它能够帮助审计师更好地理解企业的运营状况，发现潜在的问题，并提出改进建议。同时，这也能够帮助企业管理层和治理层更好地理解审计结果，采取适当的措施来改善企业的运营和财务状况。

三、收集审计证据

在执行审计程序的过程中，审计师会利用多种方法来收集审计证据，就像医生使用询问的方式和各种检查设备来获取病人的健康状况信息。这些方法包括但不限于观察、检查、询问、重新计算和重新执行等。例如，审计师可能会检查会计记录的准确性，就像医生会检查病人的血液检测结果；审计师可能会询问管理层关于特定财务事项的解释，就像医生会询问病人的症状和生活习惯。

通过这些方法，审计师会收集到充分的审计证据，以支持审计意见的形成。这就像医生会根据检查结果和病人的回答，得出关于病人健康状况的诊断。

基于收集到的审计证据，审计师会提出审计发现，这可能包括财务报表中的错误、内部控制的缺陷，以及可能的改进建议。这就像医生根据诊断结果，告诉病人他们存在的问题及治疗方案。同样，审计师提出的审计发现和建议，也是为了帮助企业识别和解决存在的问题，以改善其运营和财务状况。

四、编制审计报告

在审计过程的最后阶段，审计师会编制审计报告。就像医生在完成所有检查后，为病人撰写诊断报告。审计报告包含了对企业财务报表的意见（标准无保留意见、保留意见、否定意见或无法表示意见）、关键审计事项、风险评估及对内部控制的评价。就如同医生的诊断报告中会包含对病人健康状况的评估、重要症状的记录、潜在的健康风险，以及建议的治疗方案。

在审计报告发布前，它会经过审计机构内部的复核流程，确保报告的准确性和完整性。就像医生的诊断报告在提交给病人之前，会由其他医生进行复核，以确保诊断的准确性和治疗建议的合理性。复核完成后，审计报告将提交给企业，并根据相关法律法规的要求对外发布。

在某些情况下，审计师可能需要对企业针对审计发现所采取的整改措施进行后续跟踪，以验证整改措施的有效性。就像医生需要对病人进行后续的复查，以确保治疗方案的有效性和病人的康复。

整个审计流程中，审计师都需遵守相关的职业准则和道德规范，如国际审计准则（ISAs）或中国注册会计师审计准则（CRAAS）。这就如同医生在诊断和治疗过程中，需要遵守医学伦理和专业标准。

审计流程的重要性——创业板科技公司的教训

2019年，一家在创业板上市的科技公司，由于对外部审计流程的无知，导致了严重的财务报告失误。这家公司在年度审计期间，缺乏对审计流程的了解和准备，未能充分认识到与外部审计师沟通的重要性。

在审计团队到达现场时，公司管理层未能提供充分的配合，导致审计工作进展缓慢。公司财务部门对于审计师提出的疑问和要求，反应迟缓，甚至出现了重要财务文件的遗漏和错误。管理层的不合作态度和财务部门的不规范操作，使得审计师无法获得足够的审计证据。

审计过程中，公司未能及时提交关键的银行对账单和合同文件，导致审计师无法验证大额交易的真实性。此外，公司内部的会计政策不一致，部分收入和费用的确认存在问题。审计师在审计报告中指出了这些问题，并出具了保留意见的审计报告。

面对审计报告的保留意见，公司采取了一系列整改措施。首先，公司成立了专项整改小组，负责监督和指导整改工作的实施。其次，公司加强了与审计师的沟通，主动提供了所需的财务资料和解释。最后，公司对内部控制流程进行了全面审查，加强了财务报告的准确性和透明度。

经过整改，公司在下一年度的审计中，成功地解决了前一年审计中发现的问题。审计师对公司的财务报告出具了无保留意见的审计报告。公司的股价逐渐恢复，市场信誉得到改善，投资者信心逐步回升。

这一案例表明，企业对外部审计流程的了解和准备至关重要。企业应积极配合审计工作，及时提供所需的财务资料和解释。同时，企业应加强内部控制，确保财务报告的真实性和准确性。

第二节 应对策略：智慧的策略

2018年，《中国经营报》报道了一个涉及中国知名乳制品企业A乳业的审计挑战。在面临外部审计时，A乳业因缺乏成熟的应对策略和智慧，遇到了一系列问题。公司在准备年度财务报告的过程中，未能充分理解审计要求和流程，导致审计初期就遇到障碍。

审计团队在审查过程中发现，A乳业未能及时提供完整的财务记录和必要的业务文件，影响了审计进度。此外，审计师在检查公司存货和确认收入时，发现了记录不准确和内部控制的重大缺陷。对于审计师的询问，公司反应迟缓，缺乏有效沟通，使得审计工作难以深入进行。

在审计过程中，审计师指出A乳业在成本核算和财务报告中存在错误，需要进行调整。然而，公司管理层未能及时认识到调整的重要性，导致审计报告发布大大延迟。最终，审计机构对A乳业的财务报告出具了含有解释性说明的审计意见，这引起了市场和投资者的广泛关注。

具体来说，审计发现A乳业在产品成本归集和分配上存在不规范操作，部分成本费用的确认和分摊未能遵循企业会计准则。同时，在收入确认方面，部分销售收入的确认时点和金额与实际交易情况不符，存在跨期确认的问题。这些问题不仅影响了财务报表的准确性，也暴露了公司内部控制的不足。

　　A乳业的案例引发了公司管理层的深刻反思。公司意识到，面对外部审计，企业需要具备足够的智慧和成熟的策略。这包括对审计流程的深入理解、与审计师的有效沟通以及对审计发现问题的迅速响应和整改。公司认识到，只有通过不断学习和改进，才能更好地应对外部审计，保障企业的合规性和信誉。

　　A乳业的案例不仅揭示了企业在面对外部审计时可能遇到的挑战，也凸显了应对策略的重要性。这一事件促使公司管理层深刻反思，并认识到，唯有运用智慧和成熟的策略，企业才能在审计的风暴中稳健航行。

　　在接下来的内容中，我们将详细探讨企业应如何准备和应对外部审计，包括审计前的自查、审计中的沟通与合作，以及审计后的问题整改。通过这些具体的策略和方法，企业将能够在审计的各个阶段展现出成熟和智慧，确保审计流程的顺利进行，最终实现企业的长期稳定发展。

一、审计前的自查

　　在进行外部审计之前，企业应如同飞行员在起飞前对飞机进行彻底检查一样，对自己的财务和运营情况进行细致的内部审计。这是确保企业在正式接受外部审计时，能以最佳状态展示其财务状况和业务运作的关键步骤（如图9-2所示）。

　　内部审计要求企业对所有财务记录进行严格的自查，确保每一笔账目都准确无误。给企业做一次全面的"体检"，通过发现并纠正任何可能的错误，来保证财务数据的真实性和完整性。例如，一家企业可能会发现其固定资产的折旧计算错误，或是某笔应收账款长期未被正确处理，这些都可能在内部审计中被及时纠正。

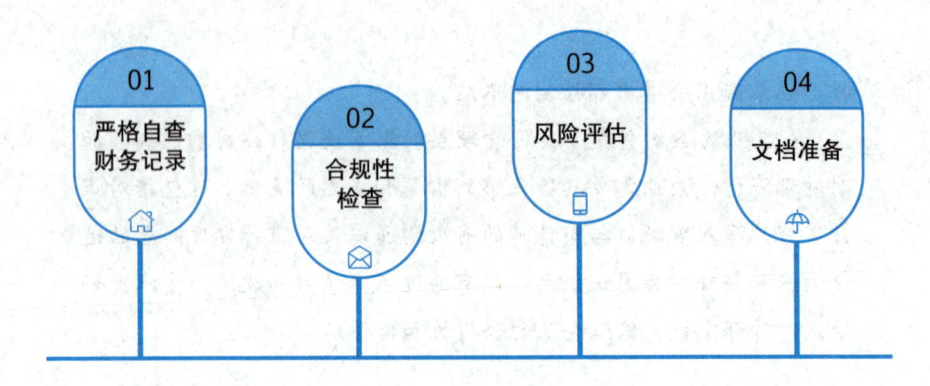

```
01 严格自查财务记录    02 合规性检查    03 风险评估    04 文档准备
```

图 9-2　内部审计时的关键环节

合规性检查也不容忽视。这包括评估企业的运营是否符合相关法律法规和行业标准，特别是税务合规和财务报告准则。想象一下，如果企业未能遵守这些标准，那么它不仅可能面临罚款或法律纠纷，还可能在外部审计中留下不良印象。因此，企业应确保所有合同和交易都符合最新的法律法规，如税务法规、环保法规等。

风险评估是另一个关键环节。企业需要识别那些可能影响审计结果的风险点，如存货核算、收入确认等关键领域。通过提前识别这些风险，企业可以采取预防措施，避免在外部审计中出现意外。例如，一家零售企业可能会在年末盘点时发现部分存货数量与账面不符，这时就可以及时调整，确保外部审计时的准确性。

文档准备也是不可或缺的一步。企业应准备好所有必要的财务报表、账簿、合同和其他相关文件，以便审计人员查阅。这就像为即将到来的考试准备好所有复习资料一样，只有充分准备，才能在考试中表现出色。这些文件的完整性和准确性，将直接影响到外部审计的顺利进行。

二、审计中的沟通与合作

在外部审计的过程中，企业与审计团队之间的沟通与合作，就如同一场精心编排的双人舞。双方需要步调一致，相互配合，才能确保整个审计过程顺利进行。以下是几个关键点，帮助企业在这场"舞蹈"中表现得更加出色。

建立有效的沟通渠道至关重要。这意味着企业应确保与审计团队之间有畅通无阻的沟通路径。这可以类比为建立起一座桥梁，让双方的信息和需求能够及时、准确地传递。例如，企业可以指定专人作为审计团队的联络窗口，确保审计师在有任何疑问或需要额外信息时，都能得到迅速响应。

提供必要的信息和解释，对于审计师全面理解企业的财务状况和运营情况至关重要。这就像是为舞伴绘制一幅清晰的舞台站位图，让他们能够了解每一步的动作和意图。企业应主动提供财务报表、账簿、合同等关键文件，并详细解释其中的疑难点，比如一笔特殊的大额交易或一项复杂的财务安排。

展现积极合作的态度，是整个审计过程中不可或缺的。企业要与审计师共同解决问题，而不是采取对抗或隐瞒的策略，这就如同在舞蹈中，双方相互扶持，共同完成表演。例如，当审计师指出一处潜在的风险时，企业应积极探讨可能的解决方案，而不是简单否认问题的存在。

管理层的支持同样不可或缺。企业管理层应对审计过程给予足够的重视和支持，为审计提供必要的资源和便利。这就如同确保舞台的灯光和音乐都能完美配合演出，为舞者创造最佳的表现条件。管理层可以通过定期参与审计会议、审阅审计报告草稿等方式，展现其对审计工作的重视。

三、审计后的问题整改

在外部审计的"舞蹈"落幕后，企业面临的下一个挑战是如何根据"舞评"改进自身的表现。审计报告就像一面镜子，映照出企业运营中的不足与瑕疵。接受审计结果，并根据这些反馈进行问题整改，是确保企业持续进步和维持良好声誉的关键步骤。以下是几个关键点，帮助企业在这个阶段展现出色的表现。

接受审计结果是首要任务。企业需要认真分析审计报告，全面接受审计师的建议和意见。这一过程就像是对舞蹈表演的反思，无论结果如何，都应以开放的心态去面对。对于指出的问题，不应回避或狡辩，而是应深入理解其背后的原因和影响。

制订详细的整改计划至关重要。这类似于为舞台的下一次表演制订排练计划。企业应根据审计发现的问题，采取具体的、可执行的整改措施，并明确每项措施的责任人和时间表。例如，如果审计发现了财务报告中的错误，企业应详细规划如何修正这些错误，修正由谁负责，以及何时完成。

执行整改措施必须坚决有效。这就如同严格按照舞者排练计划进行练习，确保每一个动作都准确无误。企业应采取切实有效的措施，解决审计中发现的问题，如加强内部控制、改进财务流程等。通过这些具体行动，企业不仅能够纠正当前的问题，还能预防未来潜在的风险。

持续监控是确保问题不再发生的关键。这就像是在正式演出前不断重复练习，确保每个环节都能完美执行。整改完成后，企业应持续监控相关领域，确保问题不会再次发生，并通过建立长效机制来提高企业的合规水平和内部管理效率。

透明与合作——B乳业的外部审计经验

B乳业作为中国乳制品行业的佼佼者，一直以其高品质的创新产品在全球市场上占有一席之地。然而，在2021年的一次全面外部审计中，B乳业遭遇了一系列挑战，这些挑战主要涉及其财务处理、内部控制流程以及合规性问题。具体而言，审计师对B乳业在存货计量、收入确认及成本分配等方面的处理方式提出了质疑。

这次审计揭露了一些问题，例如部分财务记录不够详尽，内部控制流程存在缺陷，这些都阻碍了审计师获取充分的审计证据。这种情况对于B乳业来说是一个警示，指出了其需要优化财务管理和内部控制系统。

针对审计师提出的问题和建议，B乳业迅速采取了一系列应对措施。

首先，公司管理层对这次审计给予了高度重视，立即组建了一个由高级财务官员和内部审计专家组成的专项团队，负责深入分析和调查审计中发现的问题。这个团队的工作重点是识别问题根源，制订并实施改进方案。

其次，B乳业加强了与审计师的沟通。公司提供了额外的财务资料和解释，以支持审计过程并证明其财务报告的准确性。这种开放和合作的态度有助于建立双方的信任，确保审计能够公正且有效地进行。

同时，B乳业还对其内部控制流程进行了全面审查和优化。这包括更新财务报告流程，加强财务记录的详细性和准确性，以及增强内部审计的频率和严格程度。通过这些措施，B乳业有效提高其财务报告的透明度和合规性，从而提升企业整体的运营效率和市场信誉。

从结果来看，B乳业的这一系列措施得到了积极的效果。根据公司在随后发布的财务报告中显示，其财务数据更加准确，合规性问题得到了明显改善。此外，通过增强内部控制和财务管理，B乳业不仅成功地回应了外部审计的挑战，也增强了投资者和消费者的信心，为未来的稳健发展打下了坚实的基础。

这一事件再次证明了在现代企业运营中，建立健全的内部控制体系和透明的财务报告机制的重要性。

第三节　结果整改：提升的阶梯

> A出行，是中国领先的移动出行平台，因其便捷的服务和创新的商业模式迅速占领市场。然而，2018年，A出行因安全问题和合规性问题受到社会和监管机构的广泛关注。在一系列安全事件后，公司面临了前所未有的信任危机和合规挑战。
>
> 在快速发展的过程中，A出行忽视了对平台安全和合规性的重视。2018年，几起乘客安全事件将A出行推上了风口浪尖，引发了公众对网约车行业安全性和合规性的质疑。监管机构介入调查，要求A出行进行彻底的合规整改。
>
> 面对公众的质疑和监管的压力，A出行开始了一系列深刻的自我反思和整改行动。公司首先对内部的安全管理流程进行了全面的审查和重构，加强了对司机的背景审查和教育培训。同时，A出行还升级了安全技术，如紧急求助按钮和行程分享功能，以提高乘客的安全性。
>
> A出行的具体整改措施包括：建立了更为严格的司机准入机制，对所有司机进行了重新审核；加强了与警方的合作，提高了对紧急情况的响应速度；优化了乘客投诉处理流程，确保每一项投诉都能得到及时和公正的处理；还加强了数据保护，确保用户个人信息的安全。

> 经过一系列的整改，A 出行在提升平台安全性和合规性方面取得了显著成效。公司的安全事故大幅减少，用户信任度逐渐恢复。监管机构对 A 出行的整改成果给予了肯定，公司也在社会上树立了更为负责任的企业形象。

A 出行的案例表明，面对审计和监管的压力，企业需要采取积极的态度和有效的措施进行整改。通过深入分析问题、制订整改计划、加强内部管理，企业不仅能够提升自身的合规性，还能够赢得公众和市场的信任。

A 出行的合规整改之旅，为我们提供了审计结果整改的生动案例。在接下来的内容中，我们将详细探讨企业如何通过整改提升自身的合规性和市场竞争力，深入探讨企业如何有效应对审计结果，包括审计发现的问题如何识别、整改方案如何制订和执行，以及整改后的持续监控和改进。由此，企业将能够更好地理解和掌握审计整改的关键步骤和方法，为其稳健运营和可持续发展提供坚实的保障（如图 9-3 所示）。

识别审计发现的问题 ▶ 制订有效的整改方案 ▶ 执行整改方案 ▶ 持续监控和评估

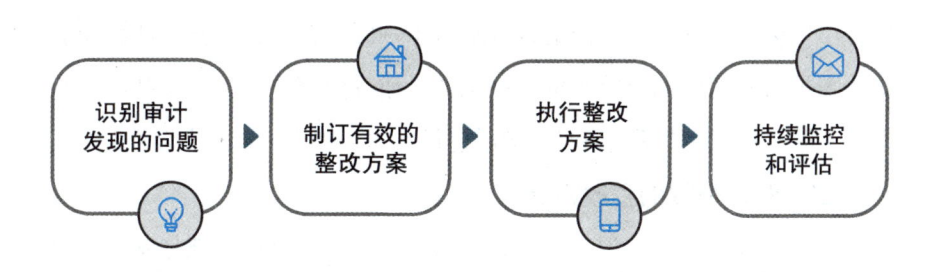

图 9-3 审计后整改的四个关键点

一、识别审计发现的问题

在企业管理中，识别审计发现的问题就像全面解读一位病人的体检报告。这个过程中，企业需要建立一个系统化的问题识别流程，确保审计结果中的每个问题都能被准确识别和记录。这包括对审计报告的详细审查，与审计师的深入沟通，以及对审计发现的具体分析。

> G电子在进行年度审计时，发现了一些关于财务报表的小错误。这些错误本身并不严重，但如果不加以修正，可能会在未来造成更大的问题。通过与审计师的深入交流，他们了解到这些错误是由于内部控制不足导致的。于是，G电子决定加强其财务部门的培训和监督机制，以防止类似问题的再次发生。

除了与审计师的沟通，企业还需要建立一个跨部门的协作机制，以便更全面地识别和解决问题。例如，营销部门在审计中发现了一个关于销售数据不一致的问题。经过调查，原来是销售团队和库存管理团队之间的沟通不畅造成的。因此，企业加强了两个部门之间的协调和信息共享，确保数据的一致性和准确性。

企业还应利用现代信息技术，如数据分析软件，来帮助识别和分析审计中发现的问题。这就像给企业配备了一副放大镜，使得管理层能够更清晰地看到问题的全貌和细节。例如，通过数据分析，一家制造企业发现了原材料浪费严重的环节，随后进行了工艺优化，大大节约了成本。

二、制订有效的整改方案

在企业审计过程中识别出问题之后，下一个关键的步骤是制订有效的整改方案。这一过程就如同医生在确诊后开出药方，需要精确和慎重。企业高层的直接参与和支持在这里扮演着至关重要的角色，确保提出的整改措施不仅切实可行，而且与公司的长远战略和运营目标保持一致。

> 由于在前文中提到的 G 电子存在财务控制问题，公司高层决定推行一套全新的财务管理系统，包括加强内部审计功能和提高财务透明度。这套系统旨在通过自动化减少人为错误，同时增强各部门间的信息流通和监督。
>
> 为了确保这些措施不是纸上谈兵，公司特别强调了具体性和可执行性。他们为每项整改措施设置了明确的时间表和责任分配。比如，新的财务管理系统的运行被划分为几个阶段，每个阶段都有具体的完成时间和指定负责人。这种明确的责任分配和时间节点，有助于推动整个整改进程有序进行。

企业还需要定期评估整改措施的执行情况。这就像医生要求病人定期复诊检查一样，目的是确保治疗按计划进行，及时调整治疗方案。如光耀电子每月都会召开项目进度会议，评估新系统的实施情况，并解决在执行过程中遇到的问题。

三、执行整改方案

在制订整改方案之后，接下来的关键是要确保这些措施得到有效执行。这一阶段类似于医生监督病人的治疗过程，需要进行细致地关注和调整。企业应指定专门的团队或个人来负责整改工作的推进，这个团队通常由经验丰富的项目管理者和相关领域的专家组成，确保每项措施都能得到有效执行。

> 对于 G 电子来说，他们在实施新的财务管理系统时遇到了员工难以适应新系统的挑战。为了解决这个问题，公司特别成立了一个跨部门小组，包括 IT 支持、财务人员和人力资源代表。这个小组的任务是确保新系统的顺利运行，并帮助员工适应转变。小组成员定期举行会议，评估进展并解决实施过程中出现的问题。

同时，企业在执行整改方案的过程中还需要保持与审计师的持续沟通。这种沟通有助于企业获得外部专家的意见和支持，及时调整整改策略，确保整改工作符合行业标准和法规要求。比如，如果审计师在跟踪审核中发现某些措施执行不到位或存在新的风险点，他们可以及时与企业分享这些发现，并提供改进的建议。

此外，企业还应运用透明和高效的内部沟通机制，确保所有相关人员都了解整改的进展和结果。通过内部新闻通讯、工作会议和培训研讨会等方式，增强员工对整改措施的理解和参与度，这对于确保整改措施的成功实施至关重要。

四、持续监控和评估

整改不是一次性的任务，而是一个持续的过程。企业应建立持续的监控机制，定期评估整改措施的效果，确保问题得到彻底解决。此外，企业还应收集员工和利益相关者的反馈，评估整改措施对企业运营和文化的影响。

> G电子在实施新的财务管理系统后，建立了一个持续监控小组，该小组由跨部门成员组成，负责监督新系统的运行状态并评估其有效性。这个小组每月都会对系统进行检查，并向高层管理团队报告进展情况。通过这种定期的检查和评估，公司能够及时发现并解决问题，确保整个财务管理系统的有效运作。

为了使整改工作更加透明和全面，企业还应主动收集来自员工和利益相关者的反馈。这可以通过发放问卷、举行座谈会或设立意见箱等方式进行。这些反馈不仅能提供整改措施实际效果的第一手资料，还能增加员工的参与感和归属感。例如，通过员工反馈，G电子发现新系统的某些功能操作复杂，于是及时调整了用户界面，使之更加友好易用。

在持续监控的基础上，企业还应不断改进和优化整改措施。这可能包括更新内部控制流程、改进合规培训计划、引入新的技术和工具等。例如，某工业集团在初步的环境整改措施成功后，决定进一步投资研发更高效的能源使用技术，以减少工厂的整体能耗。这不仅提升了公司的环保标准，也强化了其作为行业绿色领导者的地位。

A通讯的整改之路

2016年，A通讯因违反美国出口管制法规，面临美国监管机构的严格审计。这一事件对A通讯的国际业务和声誉造成了严重影响。

A通讯被指控违反美国对伊朗的出口禁令，向伊朗出售含有美国技术的设备。美国监管机构对此展开调查，并要求A通讯配合审计，以确定违规行为的性质和程度。

在审计过程中，A通讯的内部控制和合规体系的不足暴露出来。审计师发现公司存在记录不完整、交易审查不严等问题。面对审计结果，A通讯采取了一系列整改措施。

A通讯首先成立了专门的整改小组，负责监督和指导整改工作的实施。公司对内部控制流程进行了全面审查，加强了对出口交易的监控和审查。此外，A通讯还投入大量资源，升级了合规培训项目，提高了员工对国际贸易法规的认识。

经过一年多的努力，A通讯完成了审计整改工作。公司改进了内部控制体系，加强了合规管理，重新获得了美国监管机构的许可，恢复了与美国供应商的业务关系。

A通讯的案例给所有企业敲响了警钟。企业在面对外部审计时，必须认真对待审计结果，及时采取整改措施。同时，企业应加强内部控制和合规体系建设，提高对法律法规的遵守意识，以防止类似问题的再次发生。

第五篇 新法规下的财税合规与用工风险

第十章

新《公司法》的航标：企业治理与合规

第一节　新《公司法》概览：航道的新灯塔

在全球化经济浪潮和市场经济快速发展的背景下，公司作为最重要的商业主体之一，其运营与管理方式也在不断地演进与革新。为了适应这一趋势，同时响应企业界和社会各界对公司治理结构优化的呼声，我国对《中华人民共和国公司法》进行了新一轮的修订。

2023年，中国全国人大常委会审议通过了《中华人民共和国公司法》（以下简称《公司法》）的修订案，标志着中国公司法律制度迈入了一个新的发展阶段。

新修订的《公司法》在原有基础上进行了多项重要调整和补充。这些变化包括但不限于公司资本制度的改革、公司治理结构的优化、股东权利的加强保护，以及对公司社会责任的明确要求等。新法旨在解决现行公司运营中存在的一些问题，如公司决策效率不高、小股东权益保护不力、公司内部监督机制不够健全等。

新修订的《公司法》的实施对企业产生了深远的影响。首先，它为企业提供了更加灵活的运营机制，降低了企业的设立门槛，鼓励了创业和创新。其次，它强化了公司内部治理，特别是对董事会、监事会的职能和运作方式进行了优化，提高了公司决策的透明度和效率。此外，它还加强了对股东尤其是小股东权益的保护，平衡了不同股东间的利益关系，有助于构建更加和谐的公司内部关系。

> 新《公司法》实施后，某上市公司根据新规定对公司章程进行了调整，明确了股东大会的召开程序和表决机制，使得股东参与公司治理的途径更加畅通。同时，公司还加强了董事会的建设，引入了独立董事制度，提高了公司决策的独立性和客观性。这些举措不仅提升了公司的治理水平，也增强了投资者对公司的信心。

新《公司法》的颁布和实施，是中国市场经济法律体系完善的重要标志。它不仅为企业提供了更加明确和有利的法律环境，也为促进经济的健康发展和社会的全面进步提供了坚实的法律保障。

在接下来的内容中，我们将深入探讨新《公司法》的各项修订内容，分析其对企业运营的具体影响，并提供企业应对新法的策略和建议，使企业能够全面理解新《公司法》的精神实质和操作要点，为企业的合规经营和长远发展奠定基础（如图10-1所示）。

01	02	03	04
企业资本制度的改革	企业治理结构的优化	股东权利的加强保护	企业社会责任的明确要求

图10-1 新《公司法》对企业的四个重要影响

一、企业资本制度的改革

新《公司法》对企业资本制度进行了重大改革，取消了最低注册资本的限制，降低了创业门槛。这一变革虽然为创业者提供了便利，但也使企业之间产生了更激烈的市场竞争。因此，现有企业需要采取措施提升自身竞争力，如通过提高产品或服务质量、增强市场创新能力等方式维护其市场地位。

举例来说，以前设立一家公司，根据不同行业和地区的规定，可能需要较高的注册资本，这对于许多初创企业和小型企业来说是一大障碍。新《公司法》实施后，年轻创业者计划开设一家小型设计工作室，在没有大量初始资金的情况下，仍然可以快速注册公司并开始运营。然而，这也意味着她的工作室将面对更多类似规模的竞争对手，因为市场门槛的降低使得更多创业者能够进入。

对于已经成立的企业，如一家智能科技有限公司，这家公司可能在市场上已稳定运营多年，但新《公司法》实施后，他们发现市场上出现了更多新兴的竞争对手。为了维持市场地位，这家公司就需要加强产品研发，提高产品技术含量，同时通过优化客户服务来增强品牌忠诚度。

此外，企业在面对更激烈的市场竞争时，还需要重视品牌建设和市场营销策略的更新。例如，通过网络营销和社交媒体增加品牌的曝光度，利用大数据分析来更准确地捕捉市场需求和消费者偏好，从而在竞争中保持优势。

二、企业治理结构的优化

新《公司法》对企业治理结构做出了更加严格的规定，显著强化了董事会和监事会的职能，并增加了对董事和监事的问责机制。对此，企业应重视董、监事会成员的选拔和培训，确保其具备专业能力和素养，能够有效地承担起职责。同时，企业还需建立更加公开透明的信息披露机制和决策流程，确保所有股东都能公平地获取信息和参与公司治理。

例如，过去一些公司的董、监事会可能因成员资质参差不齐而导致决策效率低下。新法实施后，部分公司便开始严格筛选董事会成员，优先任命具有专业背景和丰富管理经验的人士，如引入有会计和法律专业背景的管理人员加入董事会，增强了决策的专业性和合规性。

此外，为了符合新法的要求，公司还可以组织定期的培训和研讨会，确保每位董、监事会成员都能及时了解和适应新的法规变动。这不仅能提高董事会的决策质量，也能增强监督的有效性。

在加强信息披露方面，新《公司法》要求公司必须对外公布更多重要信息，包括财务报告、重大决策等，保证信息的透明度。因此，一些公司特别增设了在线信息平台，定期更新公司运营数据和决策进展，使所有股东及其他利益相关者都能够实时访问这些信息。

新《公司法》还强调了对股东权利的保护，尤其是小股东权益。通过设置更为公正的表决机制，小股东现在能在关键议题上有更多的发言权。例如，在选举董事时，采用累积投票制度，使得小股东可以更有效地集中票力，选举出真正代表他们利益的董事。

三、股东权利的加强保护

新《公司法》显著加强了对股东权利的保护，明确了股东对于公司信息的知情权和参与决策的权利等。同时，公司还应关注小股东权益的保护，避免大股东滥用职权侵害小股东利益。

例如，按照新法规定，一些公司建立了全新的信息披露系统，确保所有重要信息及时通过公司网站和邮件列表向所有股东通报。这包括不仅仅是财务报告，还有公司的重大决策，如投资计划、管理层变动等。

此外，为了让小股东有更多的参与感，新《公司法》还特别强化了股东提案权和提问权。在年度股东大会上，小股东现在能够提出自己的议题或对公司经营提出疑问。例如，李先生是一位持有某公司少量股份的小股东，他对该公司在环境可持续性方面的措施有疑问，因此在年度股东大会上提出了相关问题，并得到了公司的详细回应。

新法还扩大了股东诉讼权利的范围，允许股东在发现公司行为可能侵犯其合法权益时提起诉讼。这一措施有效地防止了管理层和大股东的权力滥用,保护了小股东的合法权益。比如,当某公司的董事会主席利用职务之便为个人谋取利益时,数名小股东联合提起了诉讼,最终维护了自身及公司的利益。

四、企业社会责任的明确要求

新《公司法》对企业社会责任提出了更高要求,强调企业不仅要追求经济利益,还需关注社会价值的创造。因此,企业应积极履行社会责任,如关心员工福利、保护环境、维护消费者权益等。通过树立良好的社会形象,企业可以提升品牌价值和市场竞争力。

> 大型制造企业G能源在新法的指导下,开始更加重视其企业社会责任的履行。在员工福利方面,他们实施了更优厚的健康保险计划,建立了员工子女教育基金,并提供定期的职业培训,以促进员工的个人和职业发展。
>
> 在环保方面,G能源投资于清洁能源技术,如在工厂安装太阳能发电系统,减少对传统能源的依赖,并大幅降低碳排放。此外,他们还推行零废物措施,优化生产过程,减少垃圾产生,确保合理处理生产过程中产生的废弃物。
>
> 为了维护消费者权益,集团加强了与消费者的互动,建立了更为严格的产品质量监控体系。公司还设立了客户服务热线和反馈渠道,快速响应消费者的投诉和建议,确保消费者权利不受侵害。
>
> 这些举措不仅使G能源在市场上建立了良好的企业形象,也实际上提升了其运营效率和产品品质,增强了品牌忠诚度,从而在竞争激烈的市场环境中获得了更大的市场份额。

第二节　企业治理结构：稳固的船体框架

随着《公司法》的修正，我国对公司治理结构提出了更高的要求，特别是对独立董事制度和股东权利的强化。

新《公司法》强调了公司治理的透明性和独立性，对独立董事的作用和股东大会的决策机制进行了明确规定。

> 作为中国领先的房地产开发商，A集团认识到，为了适应新的法律环境，积极响应新法要求，提升公司治理水平，必须对现有的治理结构进行改革。
>
> A集团首先对董事会进行了重组，增加了独立董事的人数，确保了独立董事在董事会中的比例符合新法要求。独立董事的选任过程中，A集团严格遵循了公开、透明的程序，确保独立董事的独立性和专业性。
>
> 在股东大会的决策机制上，A集团优化了表决程序，提高了小股东参与决策的机会。公司还加强了信息披露，确保所有股东都能及时了解公司的经营状况和重大决策。
>
> 在调整过程中，A集团特别重视独立董事的作用。公司为独立董事提供了充分的资源和支持，确保他们能够有效地履行职责。此

外，A集团还建立了独立董事办公室，负责协调独立董事的工作，提供必要的行政和法律支持。

通过一系列的治理结构调整，A集团的治理水平得到了显著提升。公司的决策更加透明和合理，股东的权益得到了更好的保护。这些改革也得到了市场和投资者的积极评价，提升了A集团的品牌形象和市场竞争力。

通过A集团的案例，我们可以看到新《公司法》对企业治理结构提出的新要求和挑战。在接下来的内容中，我们将深入探讨新法对企业治理的具体规定，分析企业如何根据新法调整治理结构，以及这些调整对企业运营和竞争力的影响，从而帮助大家全面理解新《公司法》下企业治理的新趋势和策略，为企业的合规经营和持续发展提供指导（如图10-2所示）。

01 强化治理结构的独立性和监督职能

02 优化股东大会和内部控制机制

03 推动公司治理结构和社会责任的多元建设

04 提升透明度和应对法律风险

图10-2 新《公司法》对企业的四项具体规定

一、强化治理结构的独立性和监督职能

随着新《公司法》的实施，企业需要更加重视治理结构的独立性和监督职能。这不仅是为了遵循法律规定，更是为了提升企业运营的透明度和效率，增强所有利益相关者的信任。

为了增强董事会的独立性，新法特别强调引入独立董事制度。独立董事不参与企业的日常经营活动，能够带来外部视角，从而提升决策的客观性和透明度。例如，一家大型上市公司最近增加了两名独立董事，他们分别是来自学术界的理论专家和行业经验丰富的实战专家，他们的加入显著提高了董事会审议重大事项时的多元性和公正性。

同时，新《公司法》还要求强化监事会的监督职能，确保企业财务和业务活动得到有效监控。监事会应定期审核企业的财务报告和业务流程，对发现的任何不规范操作进行调查。例如，某食品公司的监事会成功发现并阻止了一起可能的财务不当行为，保护了公司和股东的利益。

此外，新《公司法》还鼓励企业建立更为系统的内部控制机制和风险预警系统，通过这些机制，企业可以更有效地识别和管理潜在的风险和问题。比如，某科技公司通过引进先进的风险管理软件，能够实时监控项目进度和财务状况，及时调整策略，避免潜在的财务风险。

二、优化股东大会和内部控制机制

在新《公司法》的框架下，企业被要求优化股东大会的运作机制，确保每位股东，尤其是小股东，能充分行使其参与权和表决权。这类似于建立一个更加开放的讨论平台，让每一个声音都能被听见，从而推动企业决策过程的民主性和公正性。

例如，某电子公司采取了措施通过在线会议技术和远程投票系统，使远距离的小股东能够更容易参与到会议中来。此外，公司还引入了累积投票制度，使得小股东可以更有效地聚集选票，以影响董事会成员的选举，从而在公司的重大决策中发挥更大的作用。

同时，新法强调需要完善内部控制和风险管理体系。企业应加强风险评估和控制，确保企业运营的合规性和稳健性。这就如同为企业装上一套先进的导航系统，帮助其在复杂多变的市场环境中稳妥航行。例如，某农业发展公司近期建立了一个全面的风险管理框架，包括定期的内部审计和风险评估报告，以及应对策略的制订，有效避免了可能因市场波动或操作失误带来的风险。

三、推动公司治理结构和社会责任的多元建设

在新《公司法》的推动下，企业被鼓励探索适合自身特点的治理模式，如双重董事会或职工董事制度，这些创新的治理结构旨在提升决策的民主性和效率。同时，新法还强调加强企业的社会责任，关注环境保护和社会公益，这不仅能提升企业的社会形象，还能增强品牌价值。

例如，某电子科技公司采用了双重董事会系统，一个负责日常运营决策，另一个则专注于战略规划和监督管理，从而确保了公司决策的平衡与全面。此外，公司还设立了职工董事，允许普通员工参与董事会会议，这增强了员工的归属感和动力，也促进了公司内部的公平性。

在社会责任方面，某食品集团积极采取措施减少生产过程中的环境影响，他们投资于可持续的资源管理系统，如水资源再利用和太阳能板的使用。公司还定期组织员工参与社区服务活动，如植树造林和食物捐赠，这不仅改善了社区环境，也提高了公司在消费者心中的品牌形象。

通过这些措施，企业不仅能够实现商业价值的最大化，还能在社会上发挥积极的影响，塑造正面的公众形象。这种多元化的公司治理结构和对社会责任的重视，是现代企业在全球化竞争中保持优势的关键因素。

四、提升透明度和应对法律风险

在新《公司法》的规范下，企业被要求提高信息披露的质量和透明度，确保披露的及时性、准确性和完整性。这种要求类似于为企业设置了一个明晰的检索系统，使所有利益相关者都能清楚地了解企业的运营状况

和重要决策。

例如，某科技公司开始在其网站上公开详细的季度财务报告和重要的战略决策，同时通过社交媒体平台和电子邮件通信向股东和潜在投资者提供即时更新。这些措施不仅增强了公众对公司运营的理解，也提高了市场的信任度。

同时，新法还强调企业需要及时了解和掌握新法规定，加强法律风险的识别和防范。这如同为企业配备了一套敏感的警报系统，使其能够预见并应对可能的法律挑战和风险。例如，某制药集团建立了一个专门的合规团队，负责监控所有业务活动以确保其符合新法的要求，从而有效避免了高额的罚款和法律纠纷。

第三节　合规要点：航向的指南针

2023年，随着新《公司法》的实施，K科技有限公司，一家在高科技领域迅速崛起的企业，面临着前所未有的合规挑战。新法对企业的财税和用工提出了更为严格的要求，K科技必须在合规框架内重新审视和调整其运营策略。

K科技在一次常规的财务审计中被发现存在若干财税不规范行为，同时，其用工模式也未能完全符合新《公司法》的相关规定。这些问题不仅给企业带来了潜在的法律风险，也影响了其在投资者和消费者心中的形象。

面对这一挑战，K科技迅速采取行动，成立了专项合规小组，负责对公司的财税和用工进行全面的合规审查。小组邀请了法律顾问和财税专家，对现行的财务报告、税务筹划、薪酬结构、劳动合同等关键领域进行了深入分析和风险评估。

在财税合规方面，K科技重新设计了税务筹划方案，确保所有税务活动均符合新《公司法》的要求。同时，公司加强了财务报告的透明度和准确性，主动纠正了以往存在的会计差错。

在用工合规方面，K科技对所有劳动合同进行了更新，确保合同条款符合新法要求。此外，公司还完善了员工培训体系，提高了管理层对新《公司法》的认识和理解，确保用工实践的合规性。

> 经过一系列的整改措施，K科技不仅成功避免了法律风险，还借此机会提升了企业的治理水平和市场竞争力。公司的财务报告更加透明，税务筹划更加合理，用工关系更加和谐，赢得了社会各界的广泛认可。

通过K科技的案例，我们可以看出新《公司法》对企业财税和用工合规提出了新要求。在接下来的内容中，我们将深入探讨新法对企业财税和用工的具体影响，分析企业如何根据新法进行合规管理，以及这些合规措施如何帮助企业实现可持续发展。

一、财税合规的深化

新《公司法》对企业的财税合规要求达到了前所未有的高度。这一法律不仅提升了财务报告的透明度和准确性的标准，还强化了对税务筹划和资金管理的规范性要求。为了适应这些变化并确保企业的财税管理既高效又合法，企业必须依据新《公司法》的具体规定，对现有的财税管理策略进行详细的审视和必要的调整（如图10-3所示）。

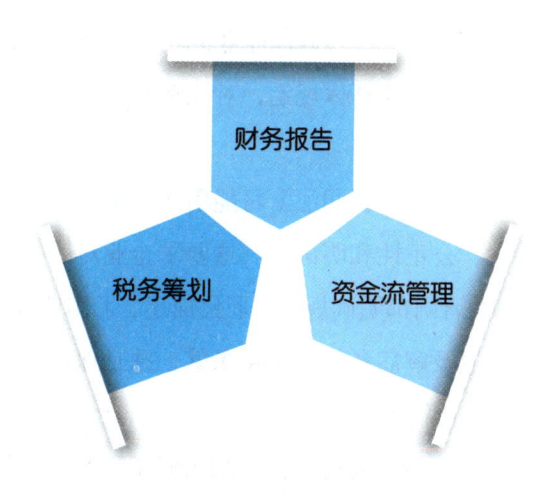

图10-3 财税合规深化的三个主要方面

在财务报告方面，新《公司法》要求企业提供更加完整、准确和及时的财务信息。这涉及对财务报告的编制、审计和披露流程的严格把控，确保所有财务数据都能够真实反映企业的财务状况和经营成果。企业需要加强对财务活动的内部审计，通过建立和完善内部控制体系，确保所有财务记录的真实性和合法性。

在税务筹划方面，新《公司法》强调了税收合规的重要性，要求企业在税务筹划时必须遵守国家的税务法律法规。同时，企业也应合理利用国家提供的税收优惠政策，通过合法的税务筹划手段，优化税负结构，降低税务风险。这要求企业必须有专门的税务团队或聘请专业机构，对税务策略进行科学规划和精准执行。

资金流管理也是新《公司法》关注的重点。企业应加强资金流的管理，确保资金的合法合规使用，同时也要提高资金使用的效率，确保资金的安全和流动性。这可能涉及改进现金管理策略、优化资本结构、以及加强风险管理等方面。

二、用工合规的重视

新《公司法》的框架对企业的用工行为提出了新的要求和标准，这些要求涉及劳动合同的规范、工时管理的合理性及薪酬福利的充分性等关键方面。为了适应这些变化并确保企业的用工管理既高效又合法，企业必须依据新《公司法》的具体规定，对现有的用工政策进行详细的审视和必要的调整。

具体到劳动合同，新《公司法》可能引入了更加严格的合同制度，强调合同的合法性、公正性和明确性。这要求企业对所有劳动合同进行仔细审查，确保每份合同都明确规定了职位描述、工作地点、工作时间、报酬结构、福利待遇及解雇条件等关键条款，并且保证合同的签订、续签和终止过程完全符合新法规定。

在工时管理方面，新《公司法》更加明确了工作时间的上限、休息和休假的权利，以及对加班的规定。企业需要重新评估工作安排和时间记录系统，确保员工的工作时间不超过法定上限，同时保障员工享有足够的休息时间和休假权益。对于加班情况，企业应按照新《公司法》的规定提供相应的加班补偿，确保员工的劳动权益得到充分的保护。

薪酬福利方面，新《公司法》规定了最低工资标准、支付时间和方式，以及福利待遇的种类和水平。企业需要定期审查和调整薪酬结构，确保至少满足最低工资标准，并且按时足额支付员工工资。此外，企业还应考虑提供额外的福利待遇，如健康保险、退休金计划、员工培训等，以此吸引和保留人才，提升员工的满意度和忠诚度。

三、内部控制的强化

为了应对新《公司法》带来的挑战，并确保企业在激烈的市场竞争中保持合规与稳健，加强内部控制体系建设成了企业不可或缺的重要手段。内部控制体系的建设涉及风险评估、合规监控及问题整改等多个方面，其目的是通过建立健全的内部控制机制，使企业能够及时发现和纠正合规问题，从而提高合规管理的效率和效果。

在风险评估方面，企业应根据新《公司法》的要求，定期进行风险点的识别和评估。这包括对市场变化、法律法规调整、财务风险、运营风险等方面的全面分析。通过深入的风险评估，企业可以明确内部控制的重点区域和潜在风险点，从而采取更为精准和有效的控制措施。

在合规监控方面，企业需要构建一个全面的监控体系，确保所有业务活动都在合规的轨道上运行。这涉及制定详细的合规政策和程序，建立专门的合规监督团队，以及利用现代信息技术手段，如数据分析和监控系统，来实现实时的合规监控。这样可以确保企业在第一时间发现任何可能的合规偏差，并迅速采取措施进行纠正。

问题整改同样是内部控制体系中重要的一环。当发现合规问题时，企业不仅要及时纠正，还应深挖问题根源，制订整改计划，并跟踪整改效果。这个过程可能需要企业不断优化内部流程，提升员工合规意识，以及加强与其他部门的沟通协作。

四、法律风险的预防

随着新《公司法》的实施，企业在享受更多元化的市场机遇和更宽松的营商环境的同时，也面临着新的法律风险。这些风险可能源自对新法规定理解的不足，也可能是由于企业经营策略和管理模式未能及时适应新的法律要求。因此，企业必须加强对新《公司法》的学习和理解，确保其经营策略和管理模式与新法规定保持一致，从而预防和降低潜在的法律风险（如图10-4所示）。

- 应组织专门的培训课程
- 建立法律风险的预警和应对机制
- 提高对法律变化的敏感性和适应性

图10-4　有效预防法律风险的三个措施

为了有效预防法律风险，企业应组织专门的培训课程，邀请法律专家进行讲解，帮助管理层和员工全面、准确地理解新《公司法》的内容和精神。企业还应定期对内部政策进行审查和更新，确保所有业务流程、合同模板和报告格式等都符合新法的规定。

建立法律风险的预警和应对机制是企业防控法律风险的关键一步。企业可以通过建立法律事务部门或聘请专业法律顾问，跟踪法律法规的变化，评估这些变化可能对企业造成的影响，并及时提出预警和应对建议。此外，企业还应制订应急预案，一旦发生法律风险事件，能够迅速有效地进行处置，减少损失。

提高对法律变化的敏感性和适应性，是企业在不断变化的法律环境中立于不败之地的重要能力。企业应鼓励员工积极学习法律知识，提高自身的法律意识和风险防范能力。同时，企业还应加强与外部法律服务机构的联系，利用外部资源提升企业的法律风险管理能力。

新《公司法》下的合规之旅——Y能源的实践

Y能源股份有限公司作为全球光伏逆变器市场的领先者，一直被视为中国新能源行业的标杆企业。随着新《公司法》的正式实施，该法律对上市公司在公司治理、股东权利保护、信息披露等方面提出了更加严格的要求，Y能源迅速响应并采取了一系列合规转型措施，以适应这些高标准的要求。

根据公开发布的信息，Y能源首先对公司章程进行了全面修订，确保所有的条款都符合新《公司法》的规定。这一举措不仅涉及公司的基本运营规则，还包括对公司未来发展具有指导意义的高级政策。

为了提高决策的独立性和客观性，Y能源优化了董事会的构建，并在董事会中引入了独立董事制度。具体来说，公司增加了两名具有行业影响力的独立董事，这一改变旨在提升董事会对管理层监督的独立性，并确保决策过程更加公正和透明。

此外，Y能源还大力完善了信息披露机制，确保所有重大事件和财务数据能够及时、准确地披露给公众。公司设立了专门的信息披露委员会，由高级管理人员和法务人员组成，负责审查和批准所有对外公布的信息。此举大幅提高了公司的透明度，增强了投资者和市场的信任。

在股东大会的运作机制方面，Y能源采取了多项措施来提高小股东的参与度和表决权。例如，公司利用现代信息技术提供线上参会途径，并通过多种渠道广泛传播会议信息，确保所有股东都能充分行使自己的权利。

针对高级管理人员的监督和激励，Y能源建立了一套更为严格的考核和激励机制。这包括为高管设定明确的业绩目标，并将他们的薪酬与公司的整体表现及个人绩效紧密关联起来。这种策略能确保管理层的行为符合公司和股东的最佳利益。

通过这些合规措施的实施，Y能源在新《公司法》下成功地调整了其运营和管理策略。这不仅使公司符合了更高的法律标准，而且在市场上树立了良好的合规典范。据财报显示，Y能源的销售收和净利润都得到了显著增长，股价也在同期内稳定上升。这表明，积极应对法律变化，加强合规管理，确实有助于企业实现可持续发展并获得市场的认可。

第十一章
金税四期的风暴：税务科技与风险管理

第一节　金税四期概览：风暴中的新航标

随着金税四期的逐步推进，税务监管的智能化和精准化水平大幅提升。在这一背景下，一些原本在传统税收体系下难以发现的违规行为，开始受到严格的监管和处罚。

> 2022年初，国家税务总局通过金税四期系统，发现某省一家大型虚拟货币矿场的税务数据异常。在金税三期时期，由于监管技术的限制，该矿场的税收违规行为未被及时发现和处理。
>
> 金税四期的实施，使得税务机关能够利用大数据分析和人工智能技术，深入分析企业的经营和税务数据。税务机关发现该矿场存在虚开发票和逃税行为，且金额巨大。随后，税务机关对该矿场进行了突击检查，并要求其提供详细的财务和税务资料。
>
> 在调查过程中，税务机关发现该矿场通过虚假交易掩盖真实收入，同时，利用关联企业转移利润，以达到逃避税款的目的。此外，矿场还存在未按规定申报增值税和企业所得税的情况。
>
> 在金税四期的强大监管能力下，该矿场的税收违规行为无处遁形。最终，税务机关依法对该矿场进行了严厉的处罚，包括追缴税款、加收滞纳金，并处以罚款。该矿场的负责人也因涉及税务犯罪被追究刑事责任。

通过这一案例，我们可以看到金税四期对企业税务合规提出的新挑战。在接下来的内容中，我们将深入探讨金税四期的特点和对企业税务合规的影响，分析企业如何适应新的税收监管环境，以及如何加强税务合规管理，防范税务风险。

一、金税四期的特点

金税四期，全称为"金税工程计划第四期"，是国家税务总局为了进一步优化税务管理、提高税收征管效率而启动的一项重大信息化工程。它旨在通过信息技术手段，实现税务信息的全面电子化、网络化和智能化，从而提高税收征管的科学性、精准性和便捷性。金税四期的建设，不仅对提升中国税务管理水平具有重要意义，也是推动税收现代化、促进经济社会发展的关键举措，具体来看，金税四期主要呈现如下几个特点（如图 11-1 所示）。

图 11-1　金税四期的五个主要特点

第一，技术应用的创新。金税四期采用了更先进的信息技术，如大数据、云计算、人工智能等，这些技术的应用使得税务管理更加智能化和自动化。与以往的金税工程相比，金税四期在数据处理和分析能力上有了显著提升，能够更有效地处理海量的税务数据，提供更准确的决策支持。

第二，业务覆盖的全面性。金税四期不仅覆盖了税务部门的核心业务，还扩展到了相关领域的协同管理，如海关、财政、商务等，实现了跨部门的信息共享和业务协同。这在以往的金税工程中是不常见的，它标志着中国税务管理向全方位、多层次、宽领域的方向发展。

第三，纳税人服务的优化。金税四期更加注重提升纳税人的服务体验，通过提供线上平台、移动应用等多种服务渠道，使得纳税人可以更方便地办理税务事项，享受到更加个性化和便捷的服务。与以往相比，这极大地提高了税务部门的服务水平和纳税人的满意度。

第四，风险管理和控制能力的增强。金税四期通过建立完善的风险评估和控制机制，能够实时监测和预警税收风险，确保税收安全。这一点在以往的金税工程中并未得到充分重视，金税四期的实施将大大增强税务部门对税收风险的管理能力。

第五，法律和规范的完善。金税四期在推进过程中，同步完善了相关的法律法规和技术标准，为税务信息化提供了坚实的法治保障。这不仅有助于税务信息化的发展，也提升了整个税务系统的规范化和标准化水平。

二、对企业税务合规的影响

金税四期的实施，无疑对企业提出了更加严格的税务合规要求。这一全新的税务管理系统通过引入先进的信息技术和大数据分析，显著提升了税务机关的监管能力和精准度。对于企业而言，这意味着他们必须更加谨慎地处理税务申报等所有税务相关行为，确保其完全符合国家法律法规的具体要求。

在金税四期系统下，任何试图逃避税收或进行不当税务筹划的行为都难以逃脱税务机关的法眼。该系统强大的数据分析能力能够深入挖掘企业的税务数据，识别出潜在的风险点和不规范操作。一旦发现企业的税务申报存在异常，系统将迅速做出反应，并通知税务机关进行进一步的核查。

面对金税四期带来的挑战，企业如果违反税法规定，将面临更为严厉的法律惩罚。这包括但不限于高额罚款、追缴税款、滞纳金及可能的信用记录损害。在极端情况下，企业可能会受到刑事处罚，严重影响企业的声誉和市场竞争力。

因此，企业应当充分认识到金税四期实施的重要性，加强内部税务合规管理，确保所有税务申报的准确性和及时性。同时，企业也应积极与税务机关沟通，了解最新的税法政策和合规要求，避免因信息滞后而造成不必要的法律风险。

三、适应新的税收监管环境

为了适应金税四期带来的全新税收监管环境，企业必须采取一系列措施来确保税务合规。

首先，企业需要加强对税务政策的学习和理解。金税四期的实施伴随着税法法规的更新和调整，因此对于企业来说，及时掌握最新的税务政策，深入理解其内容和意图至关重要。企业应定期组织员工参加税务培训，更新税务知识，提高操作技能，以确保在税务申报和筹划过程中能够遵循最新的税法规定。

其次，企业需要建立和完善内部税务管理制度。金税四期的高效数据分析能力对税务申报的准确性和及时性提出了更高的要求。企业应建立详细的税务操作流程，明确税务职责分工，确保税务申报的每一个环节都能够精准无误。同时，企业还应定期进行内部审计，对税务申报和缴纳过程进行检查，及时发现并纠正潜在的错误和不规范操作。

再次，企业还需加强与税务机关的沟通和合作。金税四期的实施加强了税务机关与企业之间的信息联动,因此企业应当主动与税务机关建立良好的沟通机制,定期向税务机关咨询税法解释和操作指导。在发现税务问题或风险时,企业应主动报告,积极配合税务机关的调查和处理,这不仅可以减轻潜在的处罚,还能够提升企业的信誉和形象。

最后,企业还可以利用专业的税务软件和工具来辅助税务合规工作。这些软件和工具能够帮助企业更高效地管理税务数据,提供税务申报材料,降低人为错误的可能性。同时,它们还能够帮助跟踪税法的变化,及时提醒企业需要注意的税务事项。

四、防范税务风险

为了防范税务风险,企业必须采取一系列有效的措施来应对(如图11-2所示)。

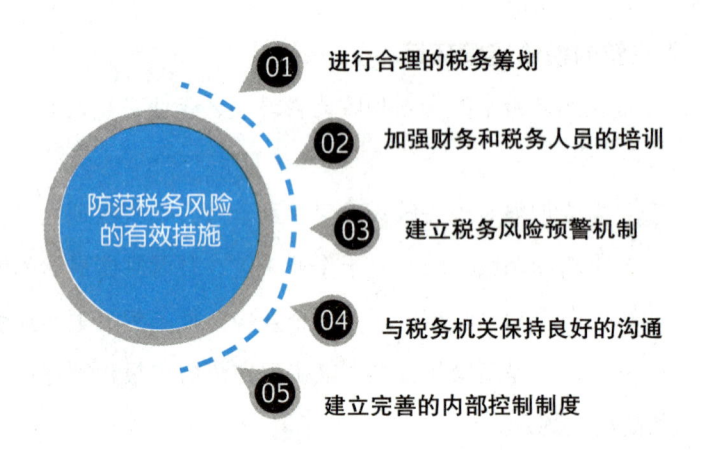

图 11-2　防范税务风险的五个有效措施

第一,企业应当进行合理的税务筹划,这是防范税务风险的基础。在进行税务筹划时,企业需要严格遵守税务法规,避免采用违规或高风险的税务筹划方案。企业应考虑各种可能影响税务的因素,如税率变动、税收优惠政策等,制订出既合法又高效的税务筹划方案。同时,企业还应定期对现有的税务筹划进行审查和调整，以适应税法的变化和企业发展的需要。

第二，加强财务和税务人员的培训也是防范税务风险的关键措施之一。财务和税务人员是企业税务管理的核心力量，他们的专业素质和风险意识直接影响到企业税务风险的控制效果。因此，企业应定期为这些员工提供专业培训，包括税务法规的更新、税务筹划技巧的提升、税务风险管理的知识等，从而提高他们的专业水平和风险识别能力。

第三，建立税务风险预警机制是防范税务风险的重要手段。企业应利用现代信息技术，如大数据分析、人工智能等，建立税务风险监控系统。这个系统能够实时监测企业的税务数据，及时发现异常情况，如税负的突然增加、税收优惠的减少等，从而帮助企业及时采取措施，防范潜在的税务风险。

第四，在处理税务风险时，企业应与税务机关保持良好的沟通，主动报告问题，积极配合税务机关的调查和处理。这种积极的合作态度不仅有助于减轻潜在的处罚，还能够提升企业的信誉和形象。

第五，企业还应建立完善的内部控制制度，确保税务申报和缴纳过程的准确性和透明性。内部控制制度包括明确的税务职责分工、严格的审批流程、完善的记录保存等，这些措施都有助于减少人为错误，防止税务风险的发生。

第二节　税务科技：驾驭风暴的智能舵轮

> Z税务是一家在行业内有一定影响力的税务咨询企业，在金税四期实施初期，因未能有效利用税务科技应对新的监管要求，遭遇了一系列税务问题。
>
> 金税四期启动后，Z税务虽然意识到税务科技的重要性，但在实际操作中，由于缺乏对新技术的深入理解和适当应用，导致了一系列税务申报和管理上的失误。公司未能及时更新其税务软件，以适应金税四期的新规则和标准。
>
> 公司在税务申报过程中出现了数据不匹配和报送延误的情况。由于依赖过时的系统，Z税务无法充分利用大数据分析进行风险评估和决策支持，导致税务筹划落后于行业标准，未能及时发现并纠正税务风险。
>
> 在金税四期的严格监管下，Z税务的税务问题很快被税务机关发现。公司在使用陈旧的税务软件处理复杂的税务数据时，出现了多处错误，包括税率适用错误、申报信息遗漏等。同时，公司也未能有效利用云计算和人工智能技术进行税务流程的优化。
>
> 税务机关对Z税务进行了税务稽查，并发现了多项税务违规行为。公司因此面临了严重的罚款和信誉损失，客户和合作伙伴的信任度大幅下降。

Z税务的失误告诉我们，仅仅认识到税务科技的重要性是不够的，企业还需要在实际操作中有效利用这些技术，以应对金税四期带来的挑战。在接下来的内容中，我们将深入探讨金税四期下企业如何利用税务科技进行风险管理和筹划优化，分析企业在税务科技应用上的常见误区和成功策略，以及如何通过科技创新提高税务合规的自动化和智能化水平（如图11-3所示）。

01 利用税务软件和自动化工具
02 应用大数据分析进行风险评估
03 云计算平台的税务筹划
04 避免税务科技应用的常见误区

图11-3　合理利用税务科技的四个重点

一、利用税务软件和自动化工具

在金税四期带来的新税收监管环境下，企业需要采用先进的税务软件和自动化工具来简化税务流程，提高税务合规的自动化和智能化水平。这些工具不仅能自动填报税表、计算税款、生成税务报告，减少人为错误，还能与企业的财务系统无缝对接，实现数据的实时更新和共享，从而提高税务申报的准确性和效率。

随着科技创新的推进，企业在税务合规方面的自动化和智能化水平也在不断提升。人工智能技术，如机器学习和自然语言处理，被广泛应用于自动化税务合规检查、税务文档审查和税务咨询。这些智能化系统能够学习和识别税务规则的复杂模式，提供税务合规建议，帮助企业避免违规行为，增强税务合规的智能化管理。

为了快速响应税务政策变化，有效应对税务风险，企业应积极探索和利用这些高科技工具。通过将税务软件和自动化工具与内部控制制度相结合，企业可以更好地适应金税四期的新要求，确保在税务申报、风险管理和筹划优化等方面的高效运作。这样，企业不仅能够降低税务风险，还能在新的税务监管环境下保持稳健的发展态势。

二、应用大数据分析进行风险评估

在金税四期时代，大数据分析技术的应用对于企业的税务风险管理至关重要。通过深入分析税务数据，企业能够利用数据挖掘和模式识别技术，精准地识别出潜在的风险点和不合规行为。这种技术不仅能够帮助企业预测税务风险，还能够为企业提供采取相应风险防控措施的依据，从而优化税务筹划策略。

具体来说，大数据分析技术能够帮助企业从海量的税务数据中提取有价值的信息，通过分析这些信息，企业可以发现税务申报中的异常模式，及时调整策略，避免可能的税务风险。同时，通过对历史数据的分析，企业能够更好地理解税务政策的变动趋势，预测未来的税法变化，从而做出更具前瞻性的税务决策。

此外，大数据分析还能够帮助企业优化税务筹划策略。通过对各种税务方案的模拟和评估，企业可以选择最符合自身业务特点和税法要求的方案，确保税务决策的科学性和合规性。这种由数据驱动的决策过程，不仅能够降低税务风险，还能够提高企业的税务处理效率，减少不必要的税务成本。

三、云计算平台的税务筹划

在金税四期实施后，云计算平台的应用为企业税务筹划带来了革命性的变革。云计算平台以其强大的存储和计算能力，为企业提供了一个灵活的、可扩展的税务数据处理环境。这种环境不仅能够支持企业处理大规模的税务数据，还能够实现税务筹划的多维度分析和模拟，从而大大提升企业税务筹划的效率和准确性。

利用云计算平台，企业可以对各种税务方案进行模拟和评估，选择最符合税法要求和企业自身业务特点的方案。同时，云计算平台的远程访问和协作功能，使得企业税务团队能够在任何时间、任何地点进行协同工作和信息共享，提高了团队合作的灵活性和效率。

此外，云计算平台还能够帮助税务机关实现跨地域的数据整合和分析，这对于跨国经营的企业来说尤为重要。企业可以利用云计算平台，将分布在不同国家和地区的税务数据进行汇总和分析，确保全球税务合规，并优化全球税务筹划策略。

四、避免税务科技应用的常见误区

在金税四期实施后，税务科技的应用对于企业来说至关重要。然而，在应用税务科技的过程中，企业应当避免一些常见的误区，以确保科技投入能够真正为企业带来效益（如图11-4所示）。

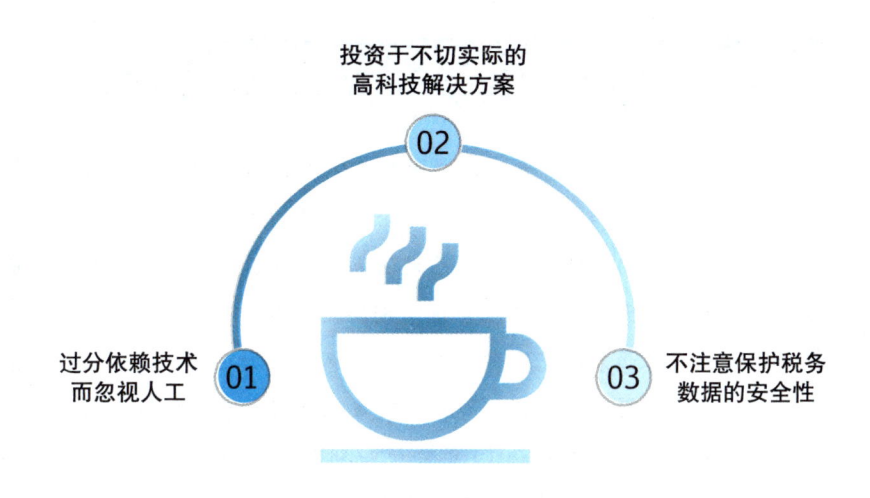

图11-4　税务科技应用的三个常见误区

首先，企业不应过分依赖技术而忽视人工审核的重要性。虽然税务科技工具能够大幅提高税务处理的效率和准确性，但人工智能和算法仍无法完全替代人类在复杂情况下依靠经验的判断和分析能力。因此，企业在应用税务科技时，应保持必要的人工审核环节，以确保税务申报和筹划的准确性和合规性。

其次，企业应避免投资于不切实际的高科技解决方案，这些方案可能并不符合企业的实际需求。在选择税务科技工具和服务时，企业应根据自身的业务规模、税务复杂性及预算情况，进行充分的市场调研和需求分析。然后选择那些真正能够帮助企业解决实际问题、提升税务处理效率的解决方案，而不是盲目追求技术上的新颖和高端。

最后，企业还应注意保护税务数据的安全性。在利用云计算平台和大数据分析技术时，企业应确保采取足够的安全措施，防止税务数据泄露或被非法访问。同时，企业应对员工进行必要的培训，提高他们对税务科技应用的理解和操作能力，确保科技工具能够得到正确和高效的使用。

金税四期下的税务科技应用——T坚果的实践与反思

在金税四期实施的背景下，中国知名休闲食品品牌T坚果面临了严峻的税务管理和合规挑战。随着企业业务的迅速扩展和市场规模的增长，传统的税务处理方式已无法满足新的监管要求，这导致税务合规风险增大。尤其是在金税四期实施初期，T坚果在税务申报和风险管理方面未能完全适应新的政策环境，加之缺乏高效的税务科技工具，使得公司在税务筹划和决策上显得滞后与被动。

具体来说，T坚果在2019年金税四期政策初步推行时，便开始感受到压力。该品牌的销售额在2020年达到近40亿元，同比增长超过20%，这使得税务申报工作量大增，原有的手动处理方式已捉襟见肘。此外，由于对新政策的解读和运用存在不足，公司在2020年上半年曾因税务问题被当地税务局约谈，这一事件成为公司管理层高度重视税务科技应用的转折点。

面对这些挑战，T坚果采取了一系列切实可行的措施。2020年下半年，公司决定投资近500万元用于税务管理系统的升级改造。

一方面，T坚果引入了一套先进的税务管理软件——智能税务平台，该平台能够自动完成税务申报、发票管理和税码匹配等工作，大大提高了工作效率和准确性。据统计，这一改造使得公司的税务申报时间缩短了40%，并且错误率降低了约70%。

另一方面，利用大数据和人工智能技术，T坚果对过往五年的销售和税务数据进行了深度分析。通过建立风险评估模型，公司能够实时监控并预测潜在的税务风险，及时调整策略以应对可能的问题。例如，在分析了过去三季度的数据后，公司调整了销售策略，优化了供应链管理，从而合理规避了约300万元的潜在税务成本。

同时，为了增强税务透明度和保证合规性，T坚果还加强了与税务机关的沟通与合作。公司设立了专门的税务沟通团队，定期向税务机关报告经营状况和税务筹划情况，确保所有操作都在法律框架内进行。通过这种方式，公司成功地建立了良好的政府关系，为未来的业务扩展打下坚实的基础。

通过这一系列的技术和策略改革，T坚果不仅显著提升了税务处理的效率和精确度，还有效降低了运营中的税务合规风险。根据公司2021年的财报，税务成本相比上年节约了约15%，净利润增长了25%，充分证明了税务科技应用的重要性和效益。

T坚果的案例给其他企业提供了重要的启示：在金税四期政策环境下，企业必须重视税务科技的应用，这不仅能够提高税务合规的自动化和智能化水平，还能为企业带来实质性的成本节约和风险管理的优化。

第三节　风险管理策略：稳健的航行计划

>　　2023年，在金税四期全面实施之际，X科技由于对新税务系统的适应不足，在税务筹划和风险管理上出现了重大失误，遭遇了前所未有的税务风波。
>
>　　金税四期的推行，加强了税务机关对税务数据的实时监控与分析能力。X科技是一家专注于智能硬件研发的高新技术企业，在初期未能充分认识到新系统的强大功能，继续沿用过去的税务筹划策略，包括一些在新系统下极易被识别的不规范操作。
>
>　　2023年初，税务机关通过金税四期系统发现X科技存在多处税务申报异常。经过深入调查，发现公司在增值税和企业所得税申报中存在虚报和逃税行为。税务机关随即对X科技进行了突击检查，并要求其提供详细的财务和税务资料。
>
>　　在税务稽查过程中，稽查人员发现X科技通过虚假交易和不正当的关联方交易来调整利润，以达到少缴税款缴纳的目的。此外，公司还未能及时申报部分收入，导致部分税款延迟缴纳。
>
>　　X科技的税务问题被媒体曝光后，引起了社会的广泛关注。公司股价应声下跌，市值大幅缩水。税务机关依法对X科技进行了严厉的处罚，包括追缴税款、加收滞纳金和处以罚款。

X科技的税务风波，凸显了金税四期对企业风险管理提出的新挑战。企业必须认识到金税四期下税务监管的严峻性，及时调整税务筹划和风险管理策略，确保税务合规。在接下来的内容中，我们将深入探讨金税四期下企业如何制订有效的风险管理策略，分析企业在税务筹划和风险控制上的常见误区，以及如何通过科技创新和合规管理，提高企业的税务合规性和风险防控能力（如图11-5所示）。

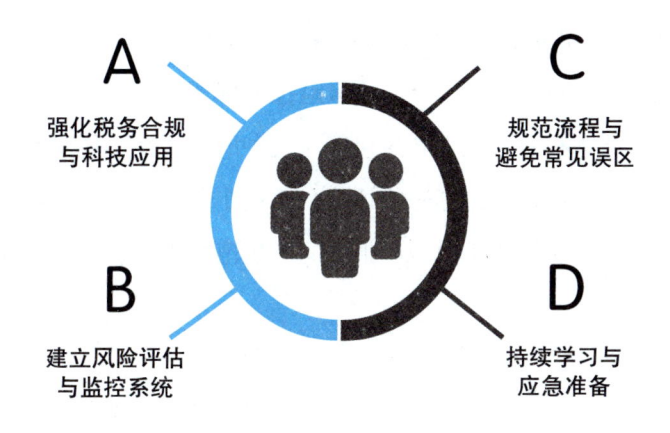

图11-5　金税四期下企业的四项风险管理策略

一、强化税务合规与科技应用

随着税法的不断完善和税收政策的日益严格，企业需要强化税务合规意识，确保税务活动合法合规。因此，利用科技手段如税务软件和大数据分析来优化税务筹划，已成为现代企业税务处理中不可或缺的一部分。

例如，某科技公司最近引进了一套先进的税务管理软件，该软件不仅能自动化处理日常税务申报工作，还能实时监控税务数据，及时发现潜在的风险点。通过这种方式，公司能够确保其税务策略始终保持在符合法规的范围内，避免了可能的法律风险和财务损失。

此外，利用人工智能进行风险评估和预测，可以极大地提升税务筹划的科学性和前瞻性。例如，某数据分析公司便采用人工智能算法分析过往的税务数据，评估未来的税务趋势，并据此制订出最优的税务策略。这不仅帮助企业合理避税，还增强了企业在市场中的竞争力。

二、建立风险评估与监控系统

为了确保税务申报的准确性和合规性，在金税四期监管环境下，企业必须构建完善的税务风险评估和监控系统。这一系统应该包括定期的自我检查和评估机制，以及实时监控税务数据和流程的功能。

首先，企业应建立一个全面的风险评估框架，该框架能够覆盖税务相关的所有领域和业务流程。这包括对税种的适用性、税率的正确性、税收优惠政策的申请资格等进行评估。通过定期进行自我检查和评估，企业可以及时发现和纠正税务申报中的不规范行为，确保税务数据的准确性。

其次，企业应利用现代信息技术手段，如大数据分析、人工智能等，建立实时的税务数据和流程监控系统。这样的系统能够自动监测税务数据的变化，识别异常模式，及时发现潜在的风险点。同时，系统还应能够自动记录和报告关键的税务流程，确保每一个步骤都符合税务法规的要求。

再次，企业还应建立一个跨部门的税务风险管理团队，该团队负责查看税务风险评估和监控系统的运行情况，及时处理发现的潜在风险。团队成员应包括财务、法务、信息技术等相关部门的专业人员，以确保税务风险管理的专业性和全面性。

最后，企业应定期对风险评估和监控系统进行审计和更新，以适应税务法规的变化和企业发展的需要。通过持续改进和优化税务风险评估和监控系统，企业能够更好地管理税务风险，确保税务申报的准确性和合规性。

三、规范流程与避免常见误区

在金税四期的监管环境下，规范税务申报流程和避免税务筹划及风险控制的常见误区对于企业来说至关重要。为了确保税务活动的合规性，企业需要采取一系列措施来优化税务管理。

首先，企业应规范化税务申报流程。这意味着制作一份清晰的税务操作手册，明确每个步骤的操作标准和责任人。采用自动化工具，如税务软件等，可以减少人为错误，提高税务申报的准确性和效率。自动化工具能够自动填报税表、计算税款，并生成税务报告，然后集成于企业财务系统，实现数据的实时更新和共享。这样不仅提高了工作效率，还减少了因人为操作失误导致的税务风险。

其次，企业应避免税务筹划和风险控制的常见误区。这包括过分依赖税收优惠政策而忽视基本的税务合规要求，或者盲目追求复杂的税务筹划方案而不考虑其可行性和潜在风险。企业应基于全面的数据分析和专业的税务知识进行筹划，确保税务策略的科学性和合理性。同时，企业应定期进行税务风险评估，及时发现并处理潜在的风险点，确保税务活动的合规性。

最后，企业应及时响应税法政策的变化。税务法规是随时可能变化的，企业需要保持高度的敏感性，及时调整税务筹划和风险管理策略，以适应新的税法要求。通过持续学习和更新税务知识，企业能够更好地适应金税四期带来的新税务监管环境。

四、持续学习与应急准备

在金税四期时代，税法政策的变化日益频繁，企业必须持续关注税法政策的更新，以确保税务活动始终符合最新的法规要求。为了适应这一变化，企业需要加强税务团队的专业培训，提高团队成员对新税法的理解和应用能力（如图11-6所示）。

A 定期组织税务团队进行专业培训

B 建立应急预案和整改机制

C 建立一套有效的信息反馈机制

D 注重实战演练，模拟税务风险事件

图 11-6　应对税法政策变化的四个措施

首先，企业应定期组织税务团队进行专业培训，这包括税务法规的学习、税务筹划技巧的提升、风险管理知识的增强等方面。通过不断学习，税务团队能够及时掌握税法的最新动态，准确理解法规的精神和具体要求，从而在实际工作中能够正确应用税法，避免因知识不足而导致的税务风险。

其次，企业应建立应急预案和整改机制，以应对突发的税务风险事件。应急预案应包括风险事件的识别、评估、报告和处理等环节，确保在发生税务风险时，能够迅速启动预案，有效控制风险的扩散。同时，整改机制应明确整改措施、责任人员和完成时限，确保问题能够及时得到解决。

再次，企业还应建立一套有效的信息反馈机制，确保税务团队在面对新税法时能够及时沟通和协作。这包括内部的信息共享平台、定期的工作会议，以及与外部专家的咨询合作等。通过这些机制，税务团队成员能够相互学习、共同进步，提高整个团队对新税法的应用能力。

最后，企业还应注重实战演练，通过模拟税务风险事件的发生和处理，检验应急预案和整改机制的有效性。这不仅能够帮助团队成员熟悉应对流程，还能够发现潜在问题并及时修正，从而提高企业应对税务风险的整体能力。

> ## 在风暴中稳健航行——A航空的风险管理策略
>
> A航空曾是中国最大的民营航空公司之一，在2020年之前迅速扩张成为全球性的综合企业，业务涉及航空、金融、旅游、物流等多个领域。然而，由于过度扩张和债务风险管理不善，A航空在全球疫情爆发的2020年面临了前所未有的挑战，包括严重的流动性危机和债务违约风险。
>
> 根据公开的财务报告，截至2019年6月底，A航空的总资产约为9806亿元，总负债则高达约7067亿元，资产负债率超过了70%。这种高杠杆的财务结构在市场环境变化和信贷政策收紧的背景下变得难以为继。到了2020年，受新冠疫情的影响，A航空的航空业务遭受重创，导致其现金流状况急剧恶化。
>
> 面对这种情况，A航空采取了一系列战略调整措施以应对危机。
>
> 一方面，在2020年初，公司开始出售部分非核心资产，例如出售其在德意志银行的股份及在美国的办公大楼等，以筹集资金减轻债务压力。据报，这些资产变卖为海航筹集了约150亿元的资金。
>
> 另一方面，A航空加强了内部的风险控制机制。2020年中，海航成立了专门的风险评估小组，对公司所有业务线的财务状况进行深入分析，并建立了严格的财务审计程序。此外，海航还重组了管理层，引入更多的财务管理专家参与决策过程，以提升其风险管理的专业性和有效性。
>
> 与此同时，海航积极与债权人沟通协商，寻求债务重组的可能性。2020年下半年，海航成功与中国的主要银行谈判，达成了债务重组的初步协议，其中包括对部分贷款的延期支付和利息减免。

> A航空的风险管理策略还包括优化资本结构，降低财务杠杆，加强现金流管理，确保企业运营的流动性，并建立风险预警机制，及时识别和应对市场变化。通过这一系列的措施，A航空成功地稳定了其财务状况，减少了债务违约的风险。
>
> 尽管A航空的规模有所缩减，但通过这次危机的历练，公司的运营变得更加稳健，为未来的可持续发展奠定了坚实的基础。

这一案例清楚地表明，企业在追求快速发展的同时，必须高度重视风险管理，只有建立起有效的风险管理机制，才能在市场的波动中保持稳定，避免因管理不善而导致的危机。